Construções
Sociais de
Aprendizagem

JOSÉ PACHECO

Construções Sociais de Aprendizagem

Tomo I
A ESCOLA PÚBLICA

Copyright © 2024 José Pacheco

COORDENAÇÃO EDITORIAL
Isabel Valle

ILUSTRAÇÃO DA CAPA
Ludmilla Duarte

CAPA E PAGINAÇÃO
Margarida Baldaia

ISBN 978-65-89138-58-7
1ª edição – Junho 2024

Todos os direitos reservados. Nenhuma parte deste livro pode ser reproduzida, no todo ou em parte, por meio de gravação ou por qualquer processo mecânico, fotográfico ou eletrónico, nem ser introduzida numa base de dados ou usada de qualquer modo sem permissão por escrito do editor. Não poderá ainda ser difundida ou copiada para uso privado ou público. Excetuam-se o uso de citações em resenhas de livros.

www.bambualeditora.com.br
colabora@bambualeditora.com.br

Sumário

7	**Introdução**
13	*Meio século ajudando a fazer 'pontes'*
15	*Meio século depois...*
17	**Cadê a Escola Pública?**
25	**Outras memórias**
35	**Assim se fazia Escola Pública no Brasil**
41	**Em busca da Escola Pública**
61	**A Escola Pública da Ponte**
61	*Uma escola sem muros*
63	*O espaço e o tempo de aprender*
65	*Repensar a escola*
76	*Em nome da autonomia e da solidariedade*
80	*Memórias*
85	*Riscos e fragilidades*
89	*Disseminar ou contaminar?*
91	**Obras que contêm referências à Escola da Ponte**
92	**Referências bibliográficas**

Introdução

Em 1980, na sua obra 'Les Eux Ouverts', Marguerite Yourcenar escreveu:

"Condeno a ignorância que reina neste momento nas democracias e nos regimes totalitários. Essa ignorância é tão forte, muitas vezes tão total, que seria dito desejado pelo sistema, se não pelo regime. Muitas vezes me perguntei como poderia ser a educação de uma criança.

Acho que seriam necessários estudos básicos, muito simples, onde a criança aprendesse o que existe no universo, num planeta, cujos recursos terá que gerir mais tarde, que depende do ar, da água, de todos os seres vivos, e que o menor erro ou a menor violência arrisca destruir tudo.

Ela iria aprender que os humanos se mataram uns aos outros em guerras que só produziram mais guerras, e que cada país organiza sua história, falsamente, para esmagar seu orgulho.

Para ela seria ensinado o suficiente sobre o passado para fazê-la sentir-se ligada às pessoas que vieram antes dela, para admirá-las onde merecem estar, sem virarem ídolos, nem do presente ou de um futuro hipotético.

Nós tentaríamos familiarizá-la tanto com livros quanto com coisas; ela saberia os nomes das plantas, conheceria os animais sem se entregar às hediondas dissecações impostas às crianças e adolescentes muito jovens, sob o pretexto da biologia.

Ela aprenderia a dar os primeiros socorros aos feridos; sua educação sexual incluiria presenciar um parto; sua educação mental, a visão dos doentes e dos mortos.

Também seriam ofertadas as simples noções de moralidade, sem as quais a vida na sociedade é impossível, instrução que as escolas primárias e secundárias não se atrevem a dar neste país.

Em termos de religião, nenhuma prática ou dogma lhe seriam impostas, mas lhe seria dito algo de todas as grandes religiões do mundo, e especialmente do país onde se encontra, para lhe despertar o respeito e destruir antecipadamente certos preconceitos odiosos.

Ela seria ensinada a amar o trabalho quando o trabalho é útil, e a não cair na hipocrisia da publicidade, começando por aquele que lhe vende doces, preparando-o para futuras cáries e diabetes.

Há, definitivamente, uma maneira de falar com as crianças sobre coisas realmente importantes mais cedo do que nós."

Por quê publicar mais um livro?

Tinha decidido parar, cria que havia chegado a praticar redundâncias, corria risco de me transformar num teoricista. Mas a vida me levou, novamente, para o chão das escolas. Uma nova geração de educadores me convidava para experienciar propostas em tudo semelhantes àquelas em que tinha gastado meio século de vida profissional.

A crise da Escola prolongava-se sem fim à vista. Passara mais de um século sobre o primeiro sinal de alerta, dado no início do século XX pelos escolanovistas. Eurípedes, Anísio, Nise, Nilde, Agostinho, Irene, Freire e outros egrégios educadores reinterpretaram o movimento escolanovista, mas somente na década de sessenta ele tomara forma concreta. Paulo Freire assim se dirigia ao seu 'bom amigo Malaguzzi':

"O menino eterno pede-me, antes de eu retornar ao Brasil, que escreva algumas palavras dedicadas às meninas e aos meninos italianos.

Não sei se saberia dizer algo novo a tal pedido. O que poderia dizer ainda aos meninos e às meninas deste final de século? Primeira coisa, aquilo que posso dizer em função de minha longa experiência neste mundo, é que devemos fazê-lo sempre mais bonito.

É baseando-me em minha experiência que torno a dizer: não deixemos morrer a voz dos meninos e das meninas que estão crescendo."

Dez anos depois de Reggio, a Ponte conseguira colocar o aluno no centro do processo de aprendizagem e, no mesmo ano (1976), Georges Bastin publicava seu livro 'A hecatombe escolar'. O prefácio assim rezava:

"Este livro destina-se a pais ansiosos com as dificuldades que os seus filhos sentem, aos educadores que procuram uma explicação para a mediocridade dos seus alunos e para as suas próprias desilusões e a todos aqueles que se inquietam com as hecatombes escolares e que se interrogam acerca do futuro da juventude e da rentabilidade do sistema escolar. O autor analisa os diferentes fatores de sucesso e insucesso atribuíveis à organização dos estudos.

Constatando o enorme desperdício de esforços e de meios que representa para a sociedade a taxa crescente de inadaptações e de insucessos, o autor conclui pela necessidade urgente de uma tomada de consciência mais objetiva dos elementos de inadaptação, de uma colaboração mais estreita entre pais e pedagogos, de uma união dos esforços de todos os especialistas (médicos, psicólogos, sociólogos) em ordem a uma visão pluralista dos casos reputados difíceis."

Entretanto, Mounier dissertara sobre a personalização do ensino e Dottrens sobre ensino individualizado. Bourdieu e Giroux denunciavam a escola reprodutora de um modelo escolar e social iníquo.

Escolas particulares tinham assimilado na exterioridade a proposta escolanovista, mantendo o *status quo* enfeitado de materiais Montessori, com hortinhas, aulas de meditação e arremedos digitais. E a rede pública nem isso assumia fazer. Os professores permaneciam distraídos, na solidão das salas de aula, reproduzindo um modelo de ensino hierárquico, autoritário, excludente, amoral e intelectualmente corrupto. Sob o manto diáfano de um agressivo marketing, recorrendo à mistificação, a administração tentava disfarçar sua incapacidade de recriar a escola.

A hecatombe educacional era um desastre 'naturalizado', não era um fenômeno natural. Diferentes foram os destinos daqueles que procuravam resguardar os seus filhos dos malefícios de um velho sistema de ensino. A Tânia e o Nuno cuidaram de criar um começo de comunidade adequado à educação da Violeta e do Vicente. Mas, o mesmo a Sandra não conseguiu. Os seus filhos fizeram-na mudar de cidade, em busca de uma escola que deles devidamente cuidasse. Perdida a fé nas escolas ditas 'públicas', optou pela matrícula num colégio privado.

Nada decorreu como esperava, pois a filha integrava o rol de crianças com dislexia.

'Senti-me muito perdida.'

Socorreu-se de terapeutas, psicólogos e de 'explicações', até colocar os filhos em 'ensino doméstico'. E acabou coproprietária de um... 'Centro de Explicações'.

Em 2018, Paulo chegou do Brasil, em busca de inovação e comunidade. Queria conhecer a Escola da Ponte e, pelo caminho, descobriu a Comunidade Educativa das Cerejeiras, no concelho de Penela. Aí assentou arraiais. Outros havia que visitavam a Ponte, participavam de imersões formativas na Escola Aberta mas, depois, voltavam ao rame-rame. E havia aqueles que, ao primeiro sinal de perigo, se encolhiam, para não perder o emprego.

Após ter participado em projetos considerados inovadores, tentava ajudar a não repetir erros, a criar novas construções sociais de aprendizagem.

Ao longo de meio século de tentativas de mudança educacional – quase todas frustradas – fui colhendo ensinamentos, que partilho com o eventual leitor. Retomo caminhos de uma práxis reconstrutora, com o único intuito de avisar os arautos de auspiciosos projetos e precaver aqueles que em prodigiosos projetos se iniciam. Num tempo de pós-verdade, em que o medo e a ignorância imperam, mais se faz sentir a necessidade de se refundar a educação.

Quando criança, eu inquiria o porquê das coisas e escutava a inevitável resposta:

'Um dia, hás de perceber por que razão aprendes aquilo que te ensino.'

Septuagenário, continuo sem saber quando chegará esse dia, e sem perceber o porquê de muitas coisas com as quais 'me prepararam para a vida'.

Décadas a fio, resisti à tentação de desistir de perguntar, insistindo na busca de 'explicação' para a monstruosa manutenção do modelo prussiano de escola. Percorri meio mundo, até que vencido pelo cansaço, decidi suspender a andarilhagem, a retirar-me de cena, quando, em 2021, numa viagem a Portugal, incidentes críticos se sucederam em catadupa. Várias vezes – mais concretamente, vinte e três vezes – escutei a mesma pergunta:

"Professor, lembra-se de mim?"

Não 'lembrava'. Quem a mim se dirigia desse modo estava na casa dos cinquenta anos de idade, e eu já septuagenário. Perguntava quem eram e onde nos teríamos encontrado, conhecido.

"Fui seu aluno na universidade."

"Fui sua aluna na Escola Superior de Educação."

As respostas convergiam no tempo em que fizera formação inicial de professores. No tempo em que eles contavam vinte e poucos anos. Em dois mil e vinte e um, três décadas decorridas sobre a conclusão dos seus cursos, esses jovens cinquentões, em sua maioria, eram diretores de agrupamentos de escolas, autarcas, lideranças com poder de decisão.

Aqueles educadores dispunham (finalmente!) de condições de concretizar a 'escola dos seus sonhos', nome de um documento recheado de evidências de aprendizagem, que apresentaram aos seus colegas (e a mim), no final do último semestre do seu curso.

Regressado ao Brasil, decidi manter-me 'na ativa' por mais algum tempo, de modo a poder ajudá-los a 'realizar os seus sonhos'. Talvez fosse capricho do destino o simultâneo ressurgimento de pedidos de ajuda provindos de famílias e professores. Escutei queixas e intenções, defini uma data-limite para parar a vida de andarilho e me lancei na elaboração de uma proposta, que neste livrinho vos dou a conhecer.

Partíamos com a parte saudável do sistema. Encontrávamos diretores éticos e com eles organizávamos turmas-piloto e círculos de aprendizagem. Quando deparávamos com pequenos tiranetes, que tentavam proibir mudança, perguntávamos-lhes por que a dificultavam – que impedimentos haveria?

"A lei não permite."

"Qual lei?" – perguntávamos. Não respondiam. E logo surgia a imposição.

"Não concordo com esse método. Não autorizo!"

Explicávamos-lhes que não se tratava de um 'método'. Mas as múmias pedagógicas diziam não entender, recusavam explicações. Se insistíamos, essas lideranças tóxicas intentavam a fagocitose dos proponentes, ou remetiam a proposta para os 'conselhos pedagógicos', sabendo que a maioria desses órgãos nada tinham de pedagógico e eram contrários a qualquer tipo de mudança.

"Se pensarmos bem, a maioria dos meninos que 'desiste' da escola é porque não se sentiu bem lá, não se sentiu pertencendo. Depois instala-se o desinteresse, a revolta, e é claro que não pode funcionar" – comentava a minha amiga Andreia. "O que sentimos é que as famílias estão muito receptivas. Toda a gente se diz sozinha e depois o mais fácil é apontar o dedo. O que temos que fazer é uma aliança entre todos, tendo em conta que é preciso respeitarmo-nos uns aos outros, deixar que os professores, diretores de turma e de agrupamento despertem para a necessidade de mudarmos uma escola que funciona como no tempo da revolução industrial do século XIX."

De ano para ano, sempre que eu viajava para Portugal, via surgir mais 'centros de explicações', via o 'home schooling' ganhar mais adeptos, os professores mais adoecidos, mais famílias descontentes, jovens intelectual e emocionalmente mais abandonados. A Escola da Modernidade contava mais de duzentos anos semeando ignorância, analfabetismo, múltiplas violências e escassas aprendizagens. A mercantilização da Escola Pública progredia.

Quando estava prestes a regressar a terras brasileiras, vivíamos um momento propício à mudança de rumo, nunca tivéramos tão boas condições para realizar transformações. Um trio magnífico – uma Cristina, uma Caetana e outra Cristina – preparava um encontro em Montemor e no Freixo do Meio.

Eu voltaria à 'Casa da Professora', gentilmente cedida pelo amigo Alfredo, para dar os primeiros passos de um longo processo de mudança, que previa se estendesse por décadas.

Quando me lancei num urgente exercício de escrita, apercebi-me de que não poderia reunir num só livro o manancial de 'informação' requerida por quem motivou uma mudança de rumo de um velho professor. Resolvi quedar-me pela elaboração de algo que nunca imaginei ter de fazer – um esboço de 'manual' – pospondo para mais uma dezena de tomos o aprofundamento do conceito e da prática de 'novas construções sociais de aprendizagem e de educação'.

Este primeiro tomo não passa de uma 'introdução' a outros livrinhos, que pretendo dar a conhecer, ao longo de 2024. Exatamente, durante o tempo de um processo formativo iniciado em fevereiro e que se prolongará pelo tempo necessário para a criação de uma rede de comunidades de aprendizagem – a primeira das novas construções sociais – organizadas em assembleias de redes.

Opto por segmentar o meu trabalho em tomos, porque 'tomo' substantivo também pode assumir-se como conjugação do verbo 'tomar', e eu pretendo que o alimento do espírito seja 'tomado' em pequenas e praxiológicas (conjugação de teoria e prática) doses. Isto é: que a redação dos próximos tomos seja acompanhada de transformações operadas no processo de formação.

Nesta breve introdução, considero necessário e oportuno evitar a confusão entre tomo e volume. Na Antiguidade Clássica, grandes obras eram subdivididas em rolos de papiros. Do étimo 'volvere' (que significa 'dar voltas') teve origem o termo de latim vulgar 'volumen', ou rolo de manuscritos. Por serem vastas as obras se tornaram volumes.

Por se tratar de uma obra menor, não vos entrego o primeiro 'volume', vos deixo com o primeiro dos tomos, aquele que pretende reabrir o debate sobre o significado de Escola Pública.

Meio século ajudando a fazer 'pontes'

A 'Nota de Apresentação' de um livro, que teve por título 'Defender a Escola Pública', assim rezava:

> "O Projeto Educativo que vem sendo construído por um coletivo de professores na Escola da Ponte, em Vila das Aves, constitui um sinal de esperança para todos os que acreditam e defendem a possibilidade de construir uma Escola Pública aberta a todos os

públicos, baseada nos valores da democracia, da cidadania e da justiça, que proporciona a todos os alunos uma experiência bem-sucedida de aprendizagem e de construção pessoal.

A Escola da Ponte representa uma singularidade na qual é possível vislumbrar a totalidade sistêmica dos problemas que se colocam ao nosso sistema escolar, bem como algumas hipóteses sólidas de possíveis soluções que contrariam o nosso proverbial ceticismo. Referimo-nos aos problemas da organização escolar e da sua gestão, aos problemas da inclusão e da construção de uma vida escolar democrática e participada, ao problema de exercer o rigor nas aprendizagens com base no gosto por aprender, ao problema de fazer coincidir a formação de professores com a construção autônoma de uma profissionalidade responsável. A atitude adotada pelo Ministério da Educação, relativamente a esta escola, ilustra a realidade profunda que marca a sua política e a contradição entre os atos e a retórica. No caso da Escola da Ponte, o mérito é penalizado, o protagonismo das famílias contrariado, a responsabilização da escola pelos seus resultados desencorajada, o rigor da avaliação externa ignorado.

Nesta perspectiva, o caso da Escola da Ponte não constituiu mais um dos muitos 'fait-divers' em que costumam ser férteis os inícios de ano letivo, mas um verdadeiro analisador da nossa realidade educativa e do sentido da política prosseguida pelo Ministério da Educação. A luta da Escola da Ponte marcou uma fronteira que separa duas maneiras distintas de diagnosticar e pensar o futuro da escola e o papel a desempenhar pelo poder público. A defesa da Escola da Ponte passou a representar para muitos educadores e cidadãos um meio de preservar e promover um serviço público de educação que tenha como vocação o sucesso de todos e faça da participação de professores, alunos e pais um exercício permanente de cidadania. O exemplo da Escola da Ponte, pelas finalidades que prossegue, pelas metodologias de organização e de trabalho que constrói, pelas alianças em que se fundamenta e pelos resultados que evidencia é um bom ponto de partida para promover o debate sobre o futuro de uma Escola Pública que é preciso tornar 'mais pública.'"

Meio século depois...

no mês de janeiro de dois mil e vinte e quatro, fui convidado para participar numa Mesa de congresso. Tema: 'Escola do Passado, Escola do Presente, Escola do Futuro'.

Um professor universitário passou um 'powerpoint' sobre a origem da Escola. Outro palestrante 'pintou' um cenário benevolente da situação vivida em cinquenta anos de democracia.

A Escola do Presente era idêntica à do passado. Ou bem pior, pois, de ano para ano, nas visitas que fazia a Portugal, encontrava mais uns eufemísticos 'centros de estudo', mais doença entre os professores, mais exclusão, pior educação.

Mas, o Ministério parecia estar feliz e contente. O ano letivo passara a ser repartido em duas fatias, dois semestres. Ninguém sabia por que razão teriam segmentado o ano letivo em trimestres e, dessa vez, em semestres, mas os agrupamentos de escolas começaram a adotar esses 'nacos' de ano letivo. Teriam lido o artigo 48.º da lei de Bases do Sistema Educativo?

Cinquenta anos após a 'Revolução dos Cravos', continuávamos a confundir mudança com paliativo. E só encontrávamos inovação em teses teoricistas. Para que serviram centenas de congressos e seminários, milhares de palestras e de ações de formação em 'powerpoint'?

Em setenta e quatro, no sendo operacional da Revolução dos Cravos, avisei que um povo não adormece fascista num dia e acorda democrata no dia seguinte. De nada valeu. Mas, ainda assim, me envolvi na ciclópica tarefa de tentar transformar práticas educacionais.

Quando me foi dada a palavra para falar sobre a 'Escola do futuro', exteriorizei alguma surpresa por perceber que os universitários portugueses tinham andado muito distraídos. A Educação do Futuro tinha chegado a Portugal, há cerca de cinquenta anos.

Uma universitária não distraída, a Maria Emília escrevia:

> "Não falarei da importância da Escola da Ponte para os seus alunos, professores, pais, comunidade. Dessa, certamente bem marcante, poderão falar os próprios melhor que ninguém. Entendo, por isso,

a pergunta – 'Por que é importante a experiência da Ponte?' – a outros níveis e noutros domínios:

Em primeiro lugar, como um exemplo possível duma escola pública diferente, que 'desnaturaliza' algumas características da escola tradicional e quer ter em conta as mudanças econômicas, políticas e tecnológicas ocorridas ou em curso e, ao mesmo tempo, reforçar e desenvolver as suas qualidades democráticas e democratizadoras.

Em segundo lugar, como um ensaio de modos de inovar que sejam desejados e construídos pelos próprios interessados, designadamente pelos professores, a partir da escola, da sua situação, dos seus atores e parceiros.

Em terceiro lugar, como uma concretização de uma teoria e de uma prática de formação de professores, baseadas, como diz Rui Canário, 'no exercício profissional em contexto, combinando a ação e a reflexão coletivas'.

[...]

A Escola da Ponte foi apresentada como uma rede informal de formação contínua de professores, num Seminário realizado em Lisboa, em setembro do ano 2000, pela OCDE [...].

[...]

Para todos aqueles que se interessam por educação, esta experiência da Escola da Ponte deveria ser seguida, estudada e apoiada como um verdadeiro laboratório de mudanças necessárias.

Só assim – confiando, ensaiando, estudando, reorientando... – poderemos participar na construção de uma escola do futuro, pública e aberta a todos os públicos, democrática no acesso, na organização e na participação e democratizadora nos seus efeitos."

Cadê a Escola Pública?

A última frase que ouvi no final de um infeliz encontro foi: 'Não queremos Escola Pública!' Perto do final de uma penosa viagem, já algo recuperado de tristezas vãs, fui ler uma carta recebida do amigo Sérgio. Entre Bom Jesus dos Perdões e Atibaia, surgia um dos belos projetos de Escola Pública de que tive notícia. E o Sérgio pressentia que a maldade humana, que se opunha a que a educação a todos fosse garantida, rondava aquele lugar.

"Assisti à criação do Projeto Rosende. Já conhecia a Janaína, passei a conhecer Eulália, Matoso, Ana e outros… Uma luta admirável. O problema é que 'quem é contra' sempre quer resultados mágicos e rápidos (que a escola velha e carcomida nunca sonhou em dar). Assisti a ataques vindos de professores de dentro, de outras escolas (um dia alguém precisará explicar a burrice que é escolas públicas competindo) e de secretários…

Pude ir, uma vez, dar uma oficina e ver como transformações são incrivelmente difíceis, porque exigem que as pessoas que as propõem já se estejam mudando a si mesmo.

Por mais que haja sucessos e fracassos, concordâncias e discordâncias, sempre terei fé nos que se abrem para a transformação ocorrer, do que nos que nos erguem barricadas e nos atacam com canhões de fofocas, assédio moral, desmotivação, retaliações e outras coisas.

Por fim, me desculpo. É uma necessidade de 'dialogar' e diminuir a solidão que me bate, quando estou entre os adultos, na escola.

Espero que não esteja sendo um estorvo. É a forma de eu tornar viva a rede social que sempre prima pelo diálogo ultra superficial. Abraço. De Atibaia onde vivo... De Perdões onde semeio."

Por que seria que a solidão era a sina de quem intentava fazer Escola Pública?

Em dois mil e vinte e quatro, está sendo gestada uma nova educação, aquela que os filhos dos filhos dos vossos filhos merecem. A compaixão e a esperança nunca esmoreceram. A freiriana esperança nunca morreu. Apesar dos desmandos da desgovernação, ainda há quem 'pratique Darcy'.

As secretarias de educação brasileiras (à semelhança dos agrupamentos de escolas portuguesas) dizem ter como missão proporcionar uma educação pública, gratuita e democrática, voltada à formação integral do ser humano, para que pudesse atuar como agente de construção científica, cultural e política da sociedade, assegurando a universalização do acesso à escola e da permanência com êxito no decorrer do percurso escolar de todos os estudantes.

No domínio das intenções, é essa a missão. Na prática, poucas secretarias, escassos agrupamentos as cumprem. A 'qualidade da escola pública' não melhora.

O amigo Pedro analisou resultados traduzidos num mísero IDEB. Desse estudo se poderia concluir que a manutenção de um sistema de ensino com centro no professor e na solidão da sala de aula, para além de outros males, é indício de crime de abandono intelectual. Muitos educadores se surpreendiam quando eu lhes dizia que o sistema de ensino, para além de obsoleto, é criminoso. Parecem possuídos por uma estranha cegueira que os impede de ver que, insistindo em 'dar aula', se nega o direito à educação.

A lista de imoralidades cometidas pelo 'sistema' é bem longa. E me entristece ver educadores éticos em 'rotas de fuga', fabricando 'paraísos pedagógicos artificiais' sustentados pela boa-vontade de filantropos, por 'bolsas de alunos pobres' da caridadezinha assistencialista ou por quem pode pagar uma 'mensalidade'.

Onde está a solidariedade inscrita nos projetos das escolas? Projetos ditos 'alternativos', que se submetem às ímpias regras de um sistema de ensino hierárquico, autoritário, imoral e corrupto, jamais lograrão sobreviver sem negar os seus princípios. Urge passar de um obsoleto (e criminoso) sistema de ensino para um sistema de aprendizagem, conceber uma nova construção social.

Já nas décadas de trinta e de quarenta (do século passado, claro!), Anísio nos falava dessa nova construção social a partir do trabalho em salas de aula, para acabar com elas, incrementar a pesquisa nas bibliotecas e casas de cultura, na Natureza. Dever-se-ia banir segmentações cartesianas e castas, como a de um ensino 'superior' (não consta que houvesse um ensino 'inferior'). Urgia reorganizar o tempo e o espaço escolar, garantindo integralidade, o ritmo de aprendizagem de cada ser humano e da sua comunidade, o respeito por princípios, escutando Anísio Teixeira:

> "Fazer escolas nas proximidades das áreas residenciais, para que as crianças não precisem andar muito para alcançá-las. O território não se limita ao espaço geográfico, mas a abrangência dos efeitos sociais e políticos em que o indivíduo esteja inserido. O estudante não é só da professora ou da escola, e sim da rede, da Cidade".

O reconhecimento de que a cidade poderia constituir-se espaço educador possibilitaria o encontro dos sujeitos históricos, criando espaços, tempos e novas oportunidades educacionais. No pressuposto de que 'a formação dos indivíduos não se restringe ao espaço físico escolar', a proposta integrava a vida comunitária, o envolvimento e a articulação de todas as instituições e associações públicas e privadas, que tornassem a educação pública, de fato, um direito subjetivo, conforme estabelecia a Constituição.

Houve projetos que marcaram uma época. Foi (e ainda é) 'Novas Rotas', um projeto de verdadeira Escola Pública, integrante da EBI Capelas, da Ilha de São Miguel, que acreditava e praticava aprendizagem em comunidade.

O projeto assentava nos pressupostos teóricos da educação holística, na Lei de Bases do Sistema Educativo e do Currículo Regional dos Açores, e teve por inspiração o projeto da Ponte e o do Projeto Âncora.

Em 2012, a Conceição levara colegas educadores à Ponte. Para o efeito, professores, alunos, assistentes operacionais e encarregadas da educação promoveram uma angariação de fundos. Organizaram jantares, lanchinhos, rifas, mercadinhos, feiras de usados, arrematações, lavagem de carros, venda de produtos hortícolas...

Regressados aos Açores, deram início ao projeto 'Sementes para o Sucesso', que visava introduzir alterações ao nível da gestão pedagógica, de espaços de aprendizagem, na avaliação e nas metodologias.

Os pais dos alunos tinham assinado um 'compromisso de adesão ao projeto'. Mas, apesar de ter sido sancionado cientificamente por especialistas da área das Ciências da Educação, o projeto não foi aprovado pelo Conselho Pedagógico da EBI, não chegando a ser implementado. O diretor Mariano ainda não havia chegado...

Em 2015, fui fazer uma 'palestra' em Ponta Delgada. Debateram-se desafios da Escola desse tempo e se mostrou manifesta a necessidade de alterar o modelo de escola concebida no século XIX. Nesse encontro, a Conceição lançou o desafio dos presentes se juntarem para tentarem implementar um projeto da mesma natureza de 'Sementes para o Sucesso' em outra unidade orgânica. Professores e pais se reuniram para tomar decisões, visando à criação de uma escola alternativa à tradicional. O número de adesões foi aumentando e o projeto Novas Rotas começou a tomar forma.

Na Páscoa de 2016, viajei para as Capelas, para uma ação de formação organizada e financiada pelos professores do projeto. De volta ao Brasil, a autoformação cooperada foi complementada pela formação presencial facultada pelo núcleo regional do MEM.

Apesar de contingências desfavoráveis, os pioneiros do Novas Rotas continuaram unidos, motivados e disponíveis para abrir novos caminhos. Uma Petição Pública recolheu mais de mil assinaturas e deu entrada na Assembleia Legislativa, em 2017. A publicação de artigos na imprensa local, a divulgação do projeto na televisão, audiências com órgãos de Governo, a apresentação do projeto em encontros, culminou com a sua apresentação e a sua aprovação pelo Conselho pedagógico da EBI de Capelas.

Estávamos já em 2018. Em agosto, assisti à azáfama de pais e professores, adaptando e construindo espaços, criando condições de implementação do projeto na Quinta do Norte. Voltei em 2023, para acompanhar o relançamento do projeto e a sua expansão dentro e fora dos Açores.

É exponencial o crescimento dos chamados 'centros de explicações' e 'centros de estudo'. Também aumenta o 'burnout', o suicídio juvenil e o 'ensino doméstico'. Até se permite o ensino individual e há empresas estrangeiras ensinando, à distância, alunos portugueses.

As famílias dissidentes e que possuem elevado poder de compra protegem seus filhos, pagando aquilo que a Constituição diz ser direito de todos e, por essa razão, logicamente gratuito. A escola (dita) pública, criada para garantir equidade, reproduz um modelo escolar (e de sociedade) excludente.

Entretanto, surgiriam saudáveis reações à insustentável situação. A amiga Magda havia dito que o diretor Luís era pessoa sensível à necessidade de transformar a construção social prussiana numa nova construção social.

Pude confirmar que se tratava de um educador de raiz e de um ditoso diretor, pois havia no quadro da escola professores a quem se podia chamar professor. Gente inquieta, curiosa e que, apesar dos pesares, se disponibilizava para se reelaborar culturalmente.

Naquela manhã de maio, feito o convite à mudança, foram muitas as perguntas dos professores:

– Como se poderá concretizar essa utopia?
– Como se tornará permanente e sustentável?
– Qual a formação necessária?
– Será feita alguma sensibilização?

Disse-lhes que não pretendia sensibilizar ou convencer. Que acreditava terem tomado uma decisão ética e que, a partir daquele momento, eu era mais um elemento de uma equipe de projeto.

Comedido, cuidadoso, pois era experimentado nas andanças da direção, o Luís me ajudou a identificar zonas de autonomia relativa. Concebeu um plano de caraterísticas intermediárias entre aquilo que a burocracia ministerial permitia e o que seria do domínio da utopia.

E, enquanto o prudente Luís ia contornando burocráticas armadilhas, para criar círculos de aprendizagem em sua escola, eu tinha os meus estrábicos olhos pousados no Bairro do Loureiro e no antigo Cinema Europa.

Após o encontro de Lisboa, a 'Manuel da Maia' foi uma das cinco escolas de referência que impulsionaram o aparecimento de novos e inovadores projetos. A saga pedagógica lusa acompanhou a evolução de projetos da outra margem do Atlântico, contrapondo ao 'home schooling' anglo-saxônico, o 'community schooling' latino.

A educação passou a ser, efetivamente, da responsabilidade da tríade escola-família-sociedade. A Escola, o Poder Público e a Universidade convergiram num projeto de humanização. Os projetos das escolas se articularam com áreas como a Saúde Pública e Ambiente e a Arte e Cultura. Prova provada de que ainda havia professores dispostos a tomar uma decisão ética, de boa gente que projetava 'versão sua no futuro' e não desistia, quando encontrava 'coisa difícil'.

No Portugal de setembro de vinte e três, o amigo António comentava uma notícia de jornal:

"MAIS DO MESMO!

A capa do jornal de hoje é, de fato, muito bem conseguida, já que revela a triste realidade em que a Educação portuguesa continua mergulhada.

Enquanto temos, por um lado, um Ministério da Educação que persiste em não fazer reformas de fundo (devia ser essa a principal missão de um qualquer governo de maioria absoluta), com o objetivo de recriarmos a escola pública e renovarmos o funcionamento do nosso sistema educativo e, por outro, sindicatos que só se expressam na superficialidade das matérias; vamos 'cantando e rindo' por entre o 'invariável das aulas na hora do regresso' e do tradicionalismo da organização escolar, sendo 'levados, levados sim' pelo ritmo da desregulação reinante e da burocracia, bem presentes num discurso político que afirma ter-se feito muito, por exemplo, na colocação de professores.

Talvez a cosmética seja muita... pois não se faz nada em áreas absolutamente cruciais: gestão das escolas, reforço da escola como organização, mudanças no sistema de contratação de professores, autonomia (real) da escola, renovação de práticas e de organização pedagógica (com escala nacional), avaliação (formativa e formadora) do desempenho docente, novo modelo de formação (inicial e contínua) de professores, redignificação da classe docente, reforço da avaliação externa das escolas e renovação do sistema educativo.

De fato, depois da felicidade que senti com a nomeação do ministro João Costa e da esperança que tive com o seu desempenho, a única coisa que sinto é uma profunda desilusão com as atuais políticas educativas."

Razões de sobra assistiam ao amigo António, para desse modo se insurgir contra a mesmice. Tinha sido um incansável defensor da Escola Pública. Tinha realizado um trabalho notável nas escolas por onde passou. E publicara um livro-proposta de mudança e inovação.

Nesse setembro, a corrida aos supermercados recomeçara. As famílias faziam contas de somar e de subtrair para ver se um salário seria suficiente para a compra de mochilas, 'material' e inúteis livros didáticos. 'The show must go on'...

Valerá a pena voltar à notícia publicada no Diário de Notícias de junho de 2023, fazer a memória de um tempo de profundas transformações:

"Entretanto, na Moita da Roda, o envolvimento com a comunidade ganhou espaço, através da Associação Pró-Futuro da Escola da Moita da Roda e dos Conqueiros. É lá também que andam os filhos de Micael Amado, um ex-militar, agora dedicado às áreas do desenvolvimento pessoal'.

'O que acontece ali é único', diz ao DN, referindo-se ao projeto pedagógico.

A escola 'tradicional' não lhe fazia sentido. Nem a ele, nem a centenas – ou milhares – de pais. Foi essa certeza, de resto, e uma busca constante por alternativas que fizeram Andreia Ribeiro chegar ao trabalho do professor José Pacheco. A partir da Batalha (onde mora) tem mobilizado outros pais para esta mudança, que espera ver ocorrer no âmbito da Escola Pública.

O grupo promoveu, entretanto, uma tertúlia, no final de abril, e em maio convidou José Pacheco para uma série de encontros nas escolas e autarquias da região.

"A nossa batalha é por uma escola pública que integre todos. Estou convicta de que este tipo de ensino vai ajudar muito mais aqueles que estão à margem e evitar que abandonem a escola", afirma ao DN Carla Marcos, mãe de dois alunos da escola pública, com diferentes idades, e que por isso sublinha a importância de estender estes projetos ao 2.º e 3.º ciclos. O grupo está empenhado em começar essa mudança já no próximo ano letivo."

O modelo estatal de ensino confessava sua inutilidade, tentava impor novas restrições, enquanto ativistas da educação, como a minha amiga e lutadora incansável Andreia, sabiam que seria inadmissível adiar uma mudança há muito tempo anunciada.

Outras memórias

Recordo-me de, em meados dos anos oitenta, um pesquisador francês ter passado alguns dias na Ponte, xeretando tudo. Numa precária 'tradução simultânea', ajudei-o a dialogar com alunos, pais e professores. E lá se foi o visitante, deixando um papelinho escrito, que passo a traduzir: "Quando for feita a História da Educação do século XX, dever-se-á considerar a existência de dois períodos distintos: antes da Escola da Ponte e depois da Escola da Ponte."

O francês já tinha passado por 'Reggio Emilia' e por outros lugares onde um escolanovismo tardio havia assentado arraiais. E chegara à conclusão de que a Escola Pública da Ponte tinha sido a primeira a concretizar a transição entre práticas instrucionistas e práticas fundadas no paradigma da aprendizagem. O processo de aprendizagem passara a estar 'centrado no aluno', enquanto sujeito de aprendizagem.

Decorridas algumas décadas, em quase todas as escolas, o professor ainda era o centro, cativo de práticas instrucionistas enfeitadas de projetos paliativos. E havia quem dissesse: "Não há direito de não nos deixarem trabalhar de maneira diferente. Os diretores impedem o nosso trabalho. Se a Ponte não tem sala de aula, por que nos obrigam a continuar a trabalhar em sala de aula?"

Mas, da lamentação e desse perguntar os descontentes não passavam. Havia sempre um 'impedimento', um pretexto para justificar o imobilismo reinante. E o André confabulava:

> "Vivemos um longo e terrível período de aberrações e atentados diretos contra o Direito de Aprender de milhões! Profundamente lamentável!

Debray contou-nos esta estória: Um imperador chinês pediu ao pintor principal da sua corte para apagar a cascata que tinha desenhado nas paredes do palácio, porque o barulho da água o impedia de dormir."

Que imagens nos impedem de dormir? E quais são aquelas que nos embalam o sono?

Gostaríamos de ver outros retratos no espelho da nossa história? Gostaríamos que ele nos devolvesse uma outra visão da escola que fomos (in)capazes de construir? Ainda conseguiremos, neste tempo em que o excesso de visões asfixia o olhar, deixar-nos instruir pelas imagens?

Deveremos tolerar a incoerência entre o pensar e o fazer, ou aceitar a necessidade de fincar barreiras perante procedimentos moralmente contraditórios e antiéticos?

"Poderá haver educação em práticas sociais que impedem a ascensão de uma vida plena, quando não fazemos aquilo que se 'pode e sonha fazer'?"

Em setembro de vinte e três, ainda havia profissionais críticos, reflexivos e éticos. Juntos, materializamos um 'novo início'.

A Ponte sempre incomodou os acomodados, por ser um verdadeiro analisador da realidade educativa. Não se tratava de colocar mais um remendo num andrajoso modelo educacional, mas do resgate do significado da expressão 'Escola Pública'.

A Ponte afirmava a possibilidade da excelência acadêmica com inclusão social. Reafirmava a possibilidade de a todos assegurar o direito à educação... de FAZER Escola Pública.

O exercício de autonomia era condição 'sine qua non' de mudança e de inovação. Recusamos o faz-de-conta da autonomia que o ministério oferecia. Desde a primeira hora do 'Fazer a Ponte' reivindicamos o estatuto de 'viveiro de futuro' (expressão usada por um dos muitos estudiosos que, nas décadas de setenta e oitenta, à Ponte acorriam). Mas, somente ao final de 28 anos nossa escola foi, oficialmente, reconhecida como autônoma.

Na França dos 'sete saberes necessários à educação do futuro', o Mestre Morin apontava caminhos que um visionário de nome Darcy tentou percorrer. Em Mendes se partiu de um tempo distópico para o anúncio e consolidação da utopia sonhada por Darcy.

A Escola Pública de Anísio e Darcy ressurgia, num país que exilara a geração de ouro dos pioneiros do escolanovismo. Ao seu labor, juntávamos contribuições do paradigma da comunicação. No 'Encontro de Mendes' de 83, visava-se concretizar diretrizes educacionais, num processo amplamente participativo. Concluiu-se que a 'escola pública' se desenvolvera alheia a realidade locais, que era uma 'grande peneira de alunos', e que se 'culpabilizava' os professores pelo insucesso causado pela escola da sala de aula.

No final de um belo texto, António Nóvoa, citando António Sérgio, diz:

> "Reparo, agora, que não falei da Escola da Ponte, ainda que, na verdade, não tenha falado de outra coisa.
>
> É uma escola extraordinária, justamente por não ter nada de extraordinário: é uma escola pública como as outras, num lugar como tantos outros, com alunos e professores iguais a muitos outros.
>
> E com esta 'matéria-prima' se tem vindo a fazer, graças a um trabalho metódico, persistente e coletivo, uma escola notável."

A Ponte resistia, mas a Escola (dita) Pública estava sucateada, reproduzia desigualdade social, enquanto a administração educacional adotava absurdos como a 'aula invertida'.

Na Internet, surgiam simulacros de inovação, sob a forma de cursos e 'aulas gratuitas'. As tecnologias digitais se constituíam em mais uma panaceia, que comprometia a substituição de um obsoleto sistema de ensino para sistemas de aprendizagem.

Quando, fraternalmente, eu questionava os meus colegas de profissão sobre o seu 'modus operandi' e sobre o que os impedia de assumirem um compromisso ético, escutava a inevitável resposta:

"Que queres que faça? É o sistema!"

A culpa era do 'sistema' de um malfadado sistema, que os meus colegas de profissão alimentavam. Se me atrevesse a ir além de uma singela pergunta, teria de mudar de assunto, ou correr o risco de se irritarem. Talvez os meus colegas desconhecessem a existência de gente simples e sábia, que começava a sair do anonimato e, amorosamente, questionava o dito 'sistema'.

Aceleradas mudanças sociais, a inovação tecnológica, a pesquisa no campo das neurociências e no da inteligência artificial, a convergência entre teoria da complexidade e produção científica radicada no paradigma da comunicação, exigiam que se reconhecesse a necessidade de operar novas e profundas rupturas.

Anunciava-se a aprendizagem centrada na relação, na criação de vínculo. À chegada da 5.0, enquanto a universidade e a maioria das escolas estiolavam no 'dar aula', fizemos 'a nossa parte', ajudamos a conceber uma nova construção social de educação.

É possível avaliar a dimensão dos disparates que contribuíram para protelar o advento de uma autêntica 'Escola Pública'. O que importa dizer-vos é que, em Portugal, se vivia uma situação, no mínimo, caricata.

Estava no Brasil, há menos de uma semana, quando recebi a mensagem de uma mãe de um aluno, preocupada com uma informação recebida via telefone (naquele tempo, lideranças tóxicas evitavam dar respostas por escrito).

"Professor, sou a Dora. Venho pedir-lhe ajuda no seguinte:

Inscrevi o meu filho, unicamente, na escola X, acreditando que o projeto educativo dessa escola é aquele que quero para ele.

Recebi um telefonema a informar que o Damião não tinha vaga, porque só existe uma turma de francês, e está completa.

Respondi que poderia mudar de língua, não me opunha a isso. Ainda assim, não o aceitam. E pediram-me que voltasse a ir ao portal das matrículas e o voltasse a matricular noutra escola.

Claro que não fiz nada disso. Até porque há uma lista de 40 crianças para entrar na Bordalo, à espera de vaga. E pelo menos duas vêm da antiga turma do Damião, o que daria para fazerem uma nova turma, se quisessem...

Preciso da sua ajuda. Escrevo ao diretor a expor este assunto e pedindo que abra uma turma tendo em conta o número de alunos em espera? Fico quieta? (Porque legalmente a matrícula está feita e eles têm de resolver.) O que me aconselha?"

É da natureza de quem é velho o 'dar conselhos'. Como ainda não me considerava velho, não os dei, apenas sugeri a essa mãe que dirigisse ao diretor – por escrito e exigisse resposta por escrito – três perguntas:
- Por que há 'turmas'?
- Por que não há vaga e o que é uma 'vaga'?
- Leu o projeto educativo da sua escola?

Sugeri a essa mãe a leitura da Lei de Bases. Nela se estipulava, por exemplo:
- Artigo 2.º – Todos os portugueses têm direito à educação.
- Artigo 48.º – Na administração e gestão dos estabelecimentos de educação e ensino devem prevalecer critérios de natureza pedagógica e científica sobre critérios de natureza administrativa
- Artigo 57.º – direito da família a orientar a educação dos filhos.

Aquela mãe acreditava ser o projeto educativo daquela escola aquele que melhor corresponderia à educação escolar desejada para o seu filho. Mas, nesse tempo, as escolas ainda tinham turmas e não tinham vagas. Quais seriam os 'critérios de natureza pedagógica e científica' que suportavam a existência de 'turmas' e a inexistência de 'vagas'?

O Projeto Educativo era (melhor dizendo, deveria ser) o documento orientador da ação educativa, coerente com a intencionalidade educativa da escola, fator de fortalecimento de identidade e autonomia, esclarecedor de objetivos e de como se trabalharia para os atingir. Ao longo de mais de meio século, li centenas de projetos. A maioria nem sequer eram projetos, eram mais planos (mal feitos), ou cópias de outros 'projetos'.

Constatei que a maioria dos professores não conheciam o seu conteúdo, nunca os tinham lido, muito menos o analisavam, e muitos eram aqueles que ignoravam a sua existência. Enfim! Essa absurda situação tem explicação. Dar-vos-ei um exemplo de causa remota.

Decorria a década de setenta, quando uma colega me telefonou. Era assunto urgente:

"Olha, Zé, estamos aflitas. Passou por aqui um inspetor, perguntou pelo nosso projeto. A gente sabe lá o que isso é! Tu, que andas lá pelo sindicato, poderás ajudar-nos? Sabes fazer isso? O homem disse que ia voltar, no mês que vem, e que quer ver o tal de projeto. O que é isso? Ele disse que saiu uma lei..."

Sosseguei-as. Expliquei o que era 'o tal de projeto' e me predispus a voltar. Entretanto, poderiam telefonar (naquele tempo só havia telefone fixo). Não telefonaram, mas eu liguei. E combinei voltar à aldeia.

Foi rápida a reunião e eu pude voltar a casa no mesmo dia. Uma professora foi lendo o 'projeto', enquanto as restantes faziam crochet, ou conversavam sobre a 'Gabriela' (uma novela de TV). A certa altura, a leitora disse:

"Levaremos os nossos alunos à lota..."

As professoras pareciam estar alheias à fala da colega, mas estavam bem atentas e possuíam uma boa memória dicótica.

"Ora repete lá isso outra vez, ó Joaquina!"

A Joaquina repetiu. E a pergunta veio em coro:

"O que é isso de lota? Eu não sei".

Interrompi, para informar que lota era um lugar onde se expunha o peixe, quando os barcos voltavam da pesca.

"Estais a ver?" – disse a Joaquina – "Fizemos mal em copiar o projeto das colegas da Póvoa."

Póvoa era uma localidade junto ao mar. A aldeia ficava a mais de duzentos quilômetros do mar, mas a criatividade daquelas professoras era imensa. Logo uma delas sugeriu:

"Não faz mal. Apaga a lota e põe a horta."

E assim ficou um projeto de que o senhor inspetor muito gostou. E que foi parar no fundo de uma gaveta.

Guardo ternas lembranças desse tempo. Mas, prefiro falar-vos de uma nova geração. Em janeiro de dois mil e vinte e quatro, educadores éticos dirigiram uma carta ao Ministro da Educação, em que se dizia ser preciso:

> "Criar projetos educativos, verdadeiros referenciais de ação das escolas, em autonomia, reforçando o seu funcionamento enquanto organizações educativas:
> - colocar os alunos no centro do processo de renovação do sistema educativo, da escola pública e da aprendizagem;
> - melhorar o funcionamento da escola pública, alterando o paradigma burocrático (ao nível organizativo) e o paradigma

transmissivo e heterónomo (ao nível pedagógico) que a caraterizam;
- honrar a necessidade de se olhar para a escola pública como 'a escola da cidadania';
- assumir 'como prioridade a concretização de uma política educativa centrada nas pessoas, que garanta a igualdade de acesso à escola pública, promovendo o sucesso educativo e, por essa via, a igualdade de oportunidades' (preâmbulo do Decreto-Lei n.º 55/2018, de 6 de julho);
- integrar, de modo adequado, toda a comunidade escolar (segurança, equilíbrio e proximidade), acolhendo e valorizando a sua megadiversidade, a nível funcional, social, cultural, neurológico e afetivo.

Considerando, finalmente, o fato de o atual governo ainda estar em funções plenas, os signatários vêm, por este meio, solicitar a criação do grupo do trabalho 'Educação Humanizada', onde os mesmos tenham assento."

E eram enunciadas as finalidades do futuro Grupo de Trabalho:

"- propor programas, projetos, diretrizes específicas, orientações e legislação que contribuam para a implantação e implementação de novas construções sociais de aprendizagem;
- promover a renovação da escola púbica e a criação de escolas públicas de iniciativa local e comunitária;
- propor parâmetros de arquitetura e de mobiliário (interior do edifício e exterior a ele) que criem uma nova pedagogia do espaço, promotora de ambientes de aprendizagem ativos, acolhedores e seguros, onde cada educando possa valorizar-se, experimentando, refletindo e coconstruindo os seus próprios processos de aprendizagem;
- incentivar um desenvolvimento curricular e uma ação pedagógica centrados no respeito pelas caraterísticas, necessidades e interesses de cada educando, assumindo que o sucesso na aprendizagem é diretamente influenciado pela motivação, pelo

- acolhimento de diversas formas de aprender e pelo respeito por distintos ritmos de aprendizagem.
- apoiar a constituição de redes de aprendizagem que promovam o desenvolvimento humano sustentável e integral, baseado na convivência, no diálogo, na solidariedade e na defesa da dignidade humana, dando a cada educando a oportunidade de ser e de aprender de forma significativa.
- coordenar e/ou orientar e acompanhar projetos de âmbito nacional, regional e/ou local que visem a criação de Comunidades de Aprendizagem."

Era preciso anunciar, sob múltiplas formas, o esboço de uma Escola Pública berço de uma nova cidadania, que Sérgio e Anísio tinham proposto. Havia conscientização, havia 'massa crítica' suficiente para, quer o ministério aceitasse, quer não aceitasse, a criação do grupo de trabalho das novas construções sociais de aprendizagem se cumpriria. A sempre adiada Educação do Futuro se fazia presente. Bem à maneira do heterônimo Ricardo Reis: "Uns, com os olhos postos no passado / Vêem o que não vêem; outros, fitos / Os mesmos olhos no futuro, vêem / O que não pode ver-se / Esta é a hora / este o momento, isto / É quem somos, e é tudo."

Vivíamos um tempo em que as famílias se preocupavam com a educação escolar dos seus filhos e nela exigiam participar. Não encontravam resposta em escolas de uma rede pública mercantilizada, no sucateamento da Escola Pública. Mas, também, já não encontravam resposta em projetos 'alternativos', ou no recurso do 'ensino doméstico'. E os 'centros de explicações' já recebiam alunos de... escolas particulares.

A minha amiga Tina caraterizava, na perfeição, a decadência do ensino e denunciava os seus efeitos:

"A prova, a nota vermelha, a reprovação, o bilhete para os pais, a punição do erro, a carteira enfileirada, o pontinho a menos, a ida para a sala da diretora, perder a hora de brincar, o castigo na biblioteca, o caderno de ocorrências, o olhar repressor e desaprovador, a cuidadora que grita, a diretora brava...

Medo é um estado emocional que surge em resposta à consciência perante uma situação de eventual perigo. A ideia de que algo ou alguma coisa possa ameaçar a segurança ou a vida de alguém, faz com que o cérebro ative, involuntariamente, uma série de compostos químicos que provocam reações que caracterizam o medo.

As escolas estão repletas de adultos que vivem na defensiva e reproduzem um ambiente repleto de ameaças, de medo e opressão.

É urgente humanizar a educação."

Assim se fazia
Escola Pública no Brasil

Entre os meses de agosto e outubro de dois mil e oito, através de um fórum virtual e reuniões presenciais, decorreu o processo de construção da carta de princípios dos 'Românticos Conspiradores do Núcleo RC-SP'.

Carta de Princípios do Núcleo São Paulo
"…é preciso afirmar que há, no Brasil, muitos professores que dão sentido às suas vidas, dando sentido à vida das crianças e das escolas. Sinto-me um privilegiado por, após três décadas de trabalho numa escola que ousou provar que a utopia é realizável, encontrar no Brasil tanta generosidade e responsável ousadia."[1]

O movimento "Românticos Conspiradores" constitui-se de uma rede colaborativa formada por pessoas que militam pela transformação da Educação Pública[2]. Nossa finalidade inicial é a de promover a comunicação e o apoio mútuo entre pessoas, organizações e projetos que tenham por objetivo contribuir para a superação dos arcaicos paradigmas educacionais vigentes.

Somos pessoas conscientes de que os modelos educacionais e as práticas educativas possuem decisivas condicionantes sócio-culturais. Este fato exige que, para a transformação da Educação, tenhamos de ultrapassar seu âmbito restrito, englobando as dimensões sociais, políticas e culturais.

---

1 José Pacheco, As Escolas Invisíveis, jornal *Folha de São Paulo*, novembro de 2005.
2 A educação pública é por nós entendida como aquela voltada para a população em geral, seja ela de caráter estatal ou privado.

Temos a convicção de que a Educação atualmente praticada não contribui para que as gerações futuras tenham condição de superar os cruciais desafios postos para e pela humanidade. Mais do que isso, essa educação acaba por incentivar a formação de pessoas que tendem a reproduzir o modo de pensar, sentir, agir e viver que produziram tais desafios. Para que os atuais paradigmas educacionais possam ser superados é necessário estabelecer novas concepções que apontem formas alternativas de pensar, estruturar e praticar a Educação.

Tendo como síntese de nossa visão o trinômio autonomia--responsabilidade-solidariedade, apresentamos nossos princípios gerais, assim como alguns exemplos de seus desdobramentos educacionais. A finalidade é tanto orientar a ação dos membros da rede Românticos Conspiradores como esclarecer àqueles que queiram participar ou formar novos núcleos. São estes princípios que, a nosso ver, devem fundamentar a vital transformação da Educação, para que esta possa corresponder às necessidades das pessoas e das sociedades contemporâneas.

1. **Educar para a Integralidade**

A educação deve contemplar a humanidade dos educadores e educandos em sua totalidade, sendo coerente com a indivisibilidade das dimensões biológica, mental e espiritual de cada pessoa. Assim como cada ser humano possui diferentes limites, possui também diversas potencialidades que poderão, ou não, ser desenvolvidas e expressas a partir das formações e transformações que ocorrem durante toda a vida. Para isso a educação deve ser um processo intencional, contínuo e transformador, que leve a integralidade e que repercuta durante toda a vida[3].

---

3   A 'educação integral' é vista aqui como aquela que considera as diversas dimensões da experiência humana: sensorial, cognitiva, emocional, moral, ética, política, cultural, estética, artística etc.
A utilização do termo 'educação inclusiva' só faz sentido em um contexto excludente.

2. Educar em Solidariedade

A educação é um processo relacional, possuindo um caráter social que deve ser assumido nas práticas educativas. A solidariedade, mais do que um objetivo ético a ser atingido, é uma condição primordial para a realização do trabalho educativo. Portanto, este só se desenvolverá plenamente se considerar e incluir as diversas relações entre todos os atores envolvidos: educandos, educadores, gestores, famílias e comunidades. No caso da escola, é indispensável que abra suas portas à comunidade, a fim de constituir-se em pólo integrador e irradiador do saber e do esforço social pela educação, também cabe a escola incentivar a integração dos agentes e espaços comunitários a esse mesmo esforço.

3. Educar na Diversidade

A educação deve contemplar a originalidade e a criatividade das pessoas, valorizando a diversidade humana em todos os seus aspectos: físicos, psicológicos, culturais etc. As práticas educativas devem ser coerentes com o fato de que as pessoas aprendem melhor segundo seus interesses e motivações, em diferentes ritmos e de diferentes formas. A noção de educação na diversidade, associada aos conceitos de integralidade e solidariedade, permite o reconhecimento tanto de nossas singularidades quanto das nossas igualdades, resultantes de nossas condições humanas e socioculturais. As diferenças, nesse contexto, devem ser consideradas como algo inerente ao ser humano, rompendo-se a lógica binária que nos fragmenta em 'iguais' de um lado e 'diferentes' de outro.

4. Educar na Realidade

A educação deve servir para a melhora objetiva da realidade na qual ela ocorre, contribuindo para o chamado desenvolvimento local. Para tanto, ela deve ser contextualizada, integrada à vida dos educandos e de suas comunidades, aberta para a troca de experiências e conhecimentos. A educação só possibilitará à pessoa atuar efetivamente na transformação da sua realidade se proporcionar condições de autotransformação. Em outras palavras, é somente através da promoção de aprendizagens significativas que a educação contribuirá para a transformação humana e social.

5. Educar na Democracia

A educação que prepara para a democracia deve-se dar através de práticas não-autoritárias, que permitam a ampla participação de educandos, dos educadores, das famílias e da comunidade. Só é possível uma educação para a ação cidadã se a educação for pela e na ação cidadã. As práticas educativas promotoras da liberdade, autonomia, respeito, responsabilidade, equidade e solidariedade devem estar associadas aos princípios anteriores para permitir que atinjamos o objetivo maior da autorresponsabilização social[4].

6. Educar com Dignidade

A dignidade específica do ofício do educador é derivada da dignidade reconhecida na pessoa do educando. O educador deve ser cônscio do seu importante papel como agente social, assumindo sua missão como tutor dos educandos e facilitador de suas aprendizagens, entendendo que a educação deve ser solidária e coletiva e a aprendizagem um processo de dupla-via – entre o educador-aprendente e educando-ensinante. O tão almejado resgate da autoridade e a revalorização social e profissional do educador passam, necessariamente, pela reformulação das formações iniciais, pela reflexão e atualização permanente das práticas educativas e, principalmente, pela constante busca da coerência entre o fazer pedagógico e as necessidades educacionais dos educandos, suas comunidades e das sociedades em geral.[5]

Esta carta é produto do trabalho coletivo dos membros do núcleo RC-SP, realizado através de fórum virtual de discussões e reuniões presenciais durante os meses de agosto, setembro e outubro de 2008 e aprovada em assembleia no dia 18/10/2008, onde estavam presentes: Albertina Rodrigues (Tina), Alfredo Giorgi, Ana Neves, Angelo Ricchetti, Carlos Terzini, Daniela Bittencourt, Elaine, Gumercindo Dorea (Guga), Luiz de

---

4 A autorresponsabilização social refere-se à conscientização de que os contextos sociais são responsabilidade de todos e de cada um, visando que as pessoas e comunidades tenham condição de se apropriar das suas realidades e transformá-las.

5 https://blocodofua.com.br/blog-do-fua/educacao/rede-pela-educacao-democratica-romanticos-conspiradores

Campos Jr., Maria Aparecida (Cidinha), Maria Lucinda Morais, Maria Luiza, Maria Veridiana Campos, Regina Bonança, Rosa Cleide Marques (Rosinha) e Suely Costa. Membros da comissão de redação da Carta de Princípios: Alfredo Giorgi, Ana Neves, Carla Lam, Guga Dorea, Luiz de Campos, Maria Lucinda, Maria Veridiana e Simone Alcântara.

Volvidos quinze anos, surgiria outra carta – a 'Carta de Caraíva' – acompanhada da proposta da organização de projetos de Escola Pública em Assembleias de Redes de Comunidades de Aprendizagem (ARCA).

A partir de escolas da rede pública de ensino, ou de escolas de iniciativa particular, se tornaria realidade a Escola Pública sonhada por Anísio e Sérgio.

O último dia de um encontro de educadores começou com uma pergunta:

– "O que iremos fazer na segunda-feira?"

A Zezé respondeu:

– "Irei desobedecer, para que tudo se transforme."

A Zezé voltaria à sua sala de aula. Mas, eu esperava que a Zezé dali saísse, não só confortada com amistosas palavras, mas com a garantia de que seria ajudada a formar uma equipe de projeto de transformação de uma escola de sala de aula numa Escola Pública.

O vosso avô tinha 'combinado' com a organização do evento apresentar a 'Carta de Caraíva' e preparar uma intervenção, na tarde do último dia do encontro. Porém, o 'combinado' foi, unilateralmente, 'descombinado', e o encontro foi dado por encerrado, no final da manhã.

Desse encontro deveria resultar um fraterno religar de projetos e uma decisão de ato público, tomada em... ASSEMBLEIA. Fiquei surpreendido com a 'descombinação', mas não manifestei surpresa. E, no final dessa tarde, um súbito 'incidente crítico' me esclareceu.

Corajosamente, a Zezé, a Flávia e outras corajosas professoras da rede pública de ensino de Caraíva falaram da vida de chão de escola dita pública (que de Escola Pública nada tinha). Foram denunciadas 'realidades' (sic), algo que os RC já tinham contemplado na sua Carta de Princípios:

"A educação deve servir para a melhora da realidade. Ela deve ser integrada à vida dos educandos e de suas comunidades, aberta para a troca de experiências e conhecimentos. A educação só possibilitará à pessoa atuar efetivamente na transformação da sua realidade se proporcionar 'autotransformação'."

Em busca da Escola Pública

A Escola da Ponte representava uma singularidade, na qual era possível "vislumbrar a totalidade sistêmica dos problemas que se colocava ao sistema, bem como algumas hipóteses sólidas de possíveis soluções que contrariam um proverbial ceticismo".

Quando da publicação desse depoimento do amigo Nóvoa, o 'sistema' ainda não havia adotado as 'possíveis soluções' encontradas pela Ponte, em meados de setenta e ainda não achara outras soluções para velhos problemas: "o da organização escolar e da sua gestão, aos problemas da inclusão e da construção de uma vida escolar democrática e participada, ao problema de exercer o rigor nas aprendizagens com base no gosto por aprender, ao problema de fazer coincidir a formação de professores com a construção autônoma de uma profissionalidade responsável."

A defesa da Escola da Ponte passou a representar para muitos educadores e cidadãos um meio de preservar e promover um serviço público de educação que tivesse como vocação o sucesso de todos e fizesse da participação de professores, alunos e pais um exercício permanente de cidadania.

No início deste século, João Barroso afirmava:

> "A Escola da Ponte é uma escola pública onde se tem vindo a construir, desde há quase trinta anos, um projeto pedagógico sólido e inovador, com um forte envolvimento da sociedade local, em particular dos pais, e com um sentido ativo e responsável de autonomia institucional. A consistência do projeto, a capacidade de dinamização do seu principal promotor, bem como o comprovado

sucesso dos seus resultados (quer em função de critérios formais e externos de avaliação das aprendizagens quer em função do grau de concretização dos objetivos propostos) fizeram da Escola da Ponte um 'case-study' para todos os que se interessam pela educação, em diferentes domínios: do curricular ao organizativo, do trabalho e formação dos professores ao trabalho e formação dos alunos, das práticas inovadoras às teorias da mudança, da cidadania à pedagogia."

Quando os visitantes partiam da Ponte para os seus locais de trabalho, perguntava-lhes o que tinham aprendido durante a visita. Respondiam que 'gostaram muito', que ficaram admirados por não termos salas de aula, por termos os 'alunos misturados, sem estarem em salas de primeiro, segundo ano'.

Um olhar externo atento, analítico, seria importante para a Ponte, pois poderia ajudar-nos a corrigir erros. Mas, as visitas só referiam 'aquilo que não tínhamos'. Raras identificavam os dispositivos que instalamos ou o modo de relação. Não se percebia que a 'diferença' da Ponte não estava no fato de não ter diretor ou de não aplicar testes. A diferença era só uma: a Escola da Ponte garantia a todos os seus alunos o direito à educação. Era uma ESCOLA PÚBLICA.

Naquele tempo, eu definira Escola Pública como sendo aquela que a todos conferia o constitucional Direito à Educação. Poderia ser uma escola de iniciativa municipal, nacional ou particular, embora, neste último caso, só garantisse esse direito a alunos de famílias que pudessem pagar uma mensalidade.

O senso comum a definia de outros modos. Por exemplo, identificando Escola Pública com 'Ensino Público', ou com 'escola de rede pública de ensino':

"Ensino público é aquele oferecido a todos os indivíduos pelo Estado, por meio de impostos."
"As escolas públicas são mantidas pelo governo."

O bom senso a descrevia de outro modo:

"Uma escola pública é uma instituição social necessariamente voltada ao futuro de seus alunos. Ela tem que produzir a grande passagem do direito postulado à realização efetiva da educação popular. Para isso ela não pode se dispensar ou ser dispensada de pensar seu próprio futuro. A função social da escola é o desenvolvimento das potencialidades físicas, cognitivas e afetivas do indivíduo, capacitando-o a tornar-se um cidadão participativo na sociedade em que vive."

Esta asserção seria resposta aceita, não fora o fato das escolas ditas 'públicas' não o serem, por não garantirem a todos os seres humanos o direito à Educação. Eram elevados os índices de reprovação e a inclusão acadêmica e social era uma miragem.

A Escola da Ponte assumiu notoriedade pública, a nível nacional e internacional, alimentada e ampliada pelas inúmeras visitas que foram feitas à escola, pelos textos que foram publicados, pelas pesquisas nela realizadas e pelas intervenções produzidas pelos autores em congressos, seminários, encontros e ações de formação.

A matriz axiológica do projeto Fazer a Ponte – Autonomia, Responsabilidade, Solidariedade – motivou, desde o seu início, o estabelecimento de parcerias com a comunidade e adequou as suas obrigações de serviço público aos valores da justiça social, da igualdade de oportunidades e da construção da cidadania. Mais tarde, sua total integração no tecido social tornando-a nodo de uma rede.

Sucessivos elencos ministeriais se serviram da Ponte para mostrá-la ao estrangeiro, mas nunca revelaram interesse no alargamento da 'experiência'. 'E, talvez' por receio de perderem o controle da situação, sempre colocaram entraves ao desenvolvimento do projeto.

O raro apoio recebido, ou a tolerância que recebíamos da administração educacional, resultavam de dois tipos de estratégias: a possibilidade das iniciativas serem utilizadas como 'vitrines' de uma política que se pretendia assumir como progressista ou modernizadora, preocupada com a 'qualidade' do serviço público; a possibilidade da administração exercer um melhor acompanhamento e controle sobre situações potencialmente incômodas, fazendo delas objeto de um 'reconhecimento oficial' e de intervenções e programas 'especiais'.

Foram muitos os problemas e desafios que tivemos de enfrentar para criar um espaço de intervenção para a construção de uma Escola Pública. O João Barroso assim descrevia a situação:

> "O 'caso' da Escola da Ponte não é um 'episódio pontual', mas, antes pelo contrário, constitui um exemplo paradigmático das posições e ações em confronto no debate atual sobre a escola pública: por um lado, os que, na Escola, se esforçam por promover um ensino justo, democrático, participativo, adaptado à diversidade e características dos alunos, pedagogicamente eficaz e civicamente ativo; por outro lado, os que, no governo e nos meios de comunicação social, querem fazer crer que a escola pública está condenada ao fracasso, que a competição e o mercado devem ser seus valores de referência, mas que, ao mesmo tempo, têm (ou defendem) políticas centralizadoras, burocráticas e conservadoras que a impedem de mudar e de se aperfeiçoar.
>
> O 'caso' da Escola da Ponte não pode ser reduzido a uma mera discordância (técnica – administrativa e financeira) quanto à maneira de gerir com mais eficiência os dinheiros públicos que o governo gasta na educação, em particular na gestão da rede escolar (construção de edifícios e fluxo de alunos).
>
> A questão é política e interpela simultaneamente os defensores da escola pública que, neste caso, são confrontados com a necessidade de defenderem a existência de projetos pedagógicos próprios e a possibilidade de os alunos e suas famílias escolherem uma escola de sua preferência; e os defensores da introdução de uma lógica de mercado na educação e da livre escolha da escola que, neste caso, aparecem como acérrimos defensores da setorização e da carta escolar, obrigando os pais a matricular seus filhos numa escola determinada pelo Estado, em função de critérios meramente administrativos."

Como corolário de considerações, o João acrescentou três comentários.

O primeiro comentário tinha como tema 'defender a escola pública' e pretendia chamar a atenção para o fato de ser necessário reafirmar valores fundadores da escola pública. O segundo – 'debater a escola pública' – pretendia pôr em evidência a complexidade dos problemas com que se debatia a Escola Pública numa sociedade cada vez mais injusta, individualista e mercantilizada. O terceiro comentário – 'promover a escola pública' – constituía-se numa "oportunidade de afirmar a importância de uma escola pública que garantisse a universalidade do acesso, a igualdade das oportunidades e a continuidade dos percursos escolares, aberta à diversidade dos públicos, mas praticando uma política ativa de justiça social, em benefício dos mais desfavorecidos".

Continuemos escutando João Barroso:

> "Durante mais de 150 anos o Estado assumiu, no mundo ocidental, a função de 'Estado Educador'. A criação e desenvolvimento da escola pública tornou-se, primeiro, um imperativo para a consolidação do Estado-Nação e, mais tarde (principalmente a partir da Segunda Guerra Mundial), um elemento essencial do desenvolvimento econômico.
>
> A escola pública desenvolveu-se, assim, com base num voluntarismo político, claramente centralizador, que pressupunha um forte consenso social no valor da educação e nas modalidades de organização da escola.
>
> Nos últimos tempos, como é sabido, tem-se assistido a uma crise do próprio conceito de 'Estado-Nação' e a uma quebra clara do consenso social em que se baseava o 'Estado Educador'. Além disso, o crescimento extraordinário dos sistemas educativos e a complexificação da sua organização tornaram difícil a sua renovação e adaptação às necessidades do mundo atual. Os resultados alcançados ficam sistematicamente aquém das expectativas e a confiança na capacidade dos poderes públicos resolverem seus problemas vem-se reduzindo de maneira notória.

Perante esta situação de crise, os governos procuraram responder, agora como dantes, com grandes reformas que, com grande otimismo retórico, eram anunciadas como o mito regenerador da educação e a boa solução para tudo resolver de maneira racional e planificada.

O balanço que se faz destas grandes reformas que, principalmente depois dos anos 60, constituíam o 'manifesto político' de qualquer ministro que se prezasse é conhecido. A maior parte das reformas não passou do papel e as que foram um pouco mais longe raramente se radicaram nas escolas e, muito menos, na sala de aula e nas suas práticas quotidianas [...] em vez de as reformas modificarem as escolas, acabaram sendo mudadas por elas."

Como assinalam David Tyack e Larry Cuban:

"Nesta última geração, o discurso sobre a escola pública tornou-se extremamente limitado. Passou a estar centrado na competição econômica internacional, nos resultados dos testes e na 'escolha' individual da escola. Mas, em contrapartida, negligenciou por completo o tipo de escolhas que são essenciais para o bem-estar cívico: escolhas coletivas sobre um futuro comum, escolhas feitas, através de processos democráticos, sobre os valores e os conhecimentos que os cidadãos querem passar para a próxima geração."

"Paralelamente com este insucesso das grandes reformas conduzidas pelo Estado, tem-se assistido, principalmente desde o início dos anos 80, ao alargamento de uma perspectiva desenvolvimentista da educação com a sua subordinação aos 'imperativos' da competitividade econômica e às 'regras do mercado'" (Barroso, 2004).

Para os defensores de uma política 'neoliberal', a modernização da educação passa, entre outras coisas, pela 'libertação' da escola das 'mãos do Estado', pela 'empresarialização da sua gestão' e pela introdução de um sistema de concorrência em que a 'satisfação do consumidor' decide da sua rentabilidade e eficácia.

Não é possível fazer, no âmbito do presente texto, um balanço das principais críticas que têm sido feitas a estas 'políticas de modernização' baseadas na construção de um 'mercado da educação'. Mas há um aspecto que importa referir, tendo em conta os objetivos de mostrar a necessidade de defender a escola pública: as consequências daquilo que Ball (1994) chama de "os valores da mudança e os dilemas éticos provocados pela atividade do mercado e pela competição".

Falando da experiência inglesa, este autor chama a atenção para o fato de, ao sublinhar-se a pretensa 'neutralidade do mecanismo da escolha do consumidor', está desviando-se a atenção dos valores e dos aspectos éticos ligados (e requeridos) pela aplicação da lógica de mercado à educação.

Como afirma Ball, no final de seu livro em que analisa criticamente a reforma educativa inglesa, "o que se perdeu na educação no Reino Unido foi a existência de qualquer tipo de discurso sobre as virtudes cívicas ou ética social".

E acrescenta, citando Plant (1992):

> "Sem o sentido da virtude cívica ou da orientação para valores que não tenham unicamente em vista o interesse pessoal, o comportamento do mercado exigirá uma regulação crescente, em função dos interesses do próprio mercado. Este tipo de regulação tende a tornar-se cada vez mais problemática se não houver uma maior preocupação em cultivar o sentido da responsabilidade social e cívica, o que, como eu sugeri, se torna cada vez mais difícil devido à erosão dos valores sociais em favor dos interesses próprios e privados."

Continuemos a escutar quem conheceu a Escola Pública da Ponte 'por dentro', como foi o caso da Teresa Vasconcelos:

> "À pergunta: – Porque demora tanto tempo a construção de Tecla?
> – os habitantes, sem deixarem de içar baldes, de soltar fios de prumo, de mover para baixo e para cima longas trinchas, respondem: – Para que não comece a destruição [...]

– Que sentido tem o vosso construir? Pergunta (alguém). – Qual é o fim de uma cidade em construção senão uma cidade? – Onde está o plano que seguem, o projeto?
– Mostrar-to-emos assim que acabar o dia; agora não podemos interromper-nos – respondem.

(ITALO CALVINO, *As Cidades Invisíveis*[6])

Foi na semana por Jorge Sampaio dedicada à educação: 18 a 24 de janeiro de 1998. Exercia então funções como Diretora-geral da Educação Básica. No dia 19, 2.ª feira, telefonaram-me para o Porto, onde me encontrava em serviço, para que, na manhã seguinte, integrasse a comitiva do Senhor Presidente, no dia por ele dedicado ao tema 'Cumprir a Escolaridade Obrigatória'. Assim, manhãzinha cinzenta e nevoenta de 3.ª feira, visitávamos a Escola n.º 1 de Vila das Aves, conhecida entre nós pela Escola da Ponte, fazendo parte integrante do programa a participação de Jorge Sampaio na Assembleia de Escola.

Como etnógrafa das 'coisas da educação' que sou, independentemente das funções que então desempenhava, acompanhei a comitiva, mas fui-me deixando ficar discretamente para trás, pois sempre detestei os atropelos deste tipo de visitas em que as pessoas se acotovelam para ficar junto dos 'ilustres' e, consequentemente, na mira dos jornalistas, prestando bem pouca atenção ao contexto. Penso que a intenção do Senhor Presidente ao convidar uma responsável da administração educativa para integrar a comitiva era que eu 'aprendesse' com a visita e, eventualmente, me deixasse 'interpelar' pelo que via. Remeti-me, pois, a um lugar discreto e visitei a escola contra a corrente, isto é, procurando os espaços menos invadidos pela horda de 'acompanhantes' e onde poderia escutar aquilo que a escola e os seus habitantes tinham para me dizer. Dessa visita relembro, ainda hoje, alguns 'flashes' etnográficos:

· Num dos espaços restritos destinados aos computadores, duas crianças, inteiramente autônomas, de idades diversificadas,

---

6 Italo Calvino. 1990. *As Cidades Invisíveis*. Lisboa: Teorema.

entreajudam-se no desenvolvimento e na escrita do tema da pesquisa que estavam a efetuar e que se prendia com aspectos ligados à indústria local – meninos minhotos, caritas trigueiras e bochechas coradas, olhar vivaço, camisolas estampadas de feira e mãos ágeis nos computadores;
- Num dos pisos de 'área aberta' três professoras, que entendi desenvolverem funções previamente combinadas entre si, iam acompanhando as crianças que circulavam no espaço, individualmente ou em grupos, de acordo com as suas necessidades e o tipo de trabalho escolar que desenvolviam; as professoras eram suporte provocador, andaime sólido, guia atento – mulheres comuns de meia idade, bata branca, postura serena e discreta;
- Instada por mim a pronunciar-se sobre o seu trabalho, uma das professoras afirma: 'Este é um trabalho que não se realiza apenas das nove da manhã às três da tarde; é um trabalho que não pode ter horários rígidos, que nos envolve por completo. Mas... sabe? Eu não quero outra coisa! Estou aqui há mais de 10 anos e sou uma professora feliz!'
- Desço para a sala polivalente onde se tinha iniciado a assembleia de escola. Desta vez não sou discreta e 'furo' a multidão para poder ver a assembleia. Vantagem de ser pequena: fico quase atrás do Senhor Presidente que já estava a ser 'interpelado' de forma assertiva por um rapazinho que não teria mais de 8-9 anos e que lhe falou de algumas das necessidades da escola. Uma menina completa a exposição do colega com exemplos práticos e incisivos. Se a memória não me falha, tratava-se da necessidade urgente de construir um campo de jogos aberto a crianças e famílias. Jorge Sampaio não resiste em agarrar no microfone e conversa com as crianças e os pais, dispostos ao fundo da sala. Depois de interpelar as entidades responsáveis da administração e da autarquia no sentido de apoiar o desejo formulado pelas crianças, fala de cidadania, de participação, de tomada de responsabilidades em mãos, do poder que nos assiste de poder melhorar a escola e mudar a sociedade. Mesmo quando se tem apenas 5, 6, 8, 10 anos de idade.

Estas pinceladas etnográficas são apenas modestas memórias de quem andou contra a corrente pela Escola da Ponte, quiçá à procura de um sentido para as suas próprias perplexidades de 'burocrata'. Quando as mais avançadas ideias pedagógicas apontam para a pesquisa como motor do conhecimento e do aprender a' aprender, para a premência de gestão dos currículos de acordo com pedagogias diferenciadas que, partindo dos saberes dos alunos, os levem mais longe no conhecimento, para a organização de grupos heterogêneos (idade, origem social, sexo, cultura ou etnia, substrato econômico) como forma de garantir que aprendizagens e trocas de saberes se façam num contexto de cidadania; quando os pares ou companheiros mais experimentados são também 'professores', não esquecendo o suporte de educadores atentos e exigentes; quando o envolvimento de famílias e comunidades no projeto educativo cria parcerias de excelência e de interpelação mútua... – ouso afirmar que 'alguns já o fazem'.

A Escola da Ponte tem vindo a pôr em prática, há largos anos, de forma visionária e profética, aquilo que a investigação, as ciências da educação, mas também a nossa intuição e senso comum, dizem que deve ser a escola: a Escola da Ponte é uma escola pública que faz sentido e é criadora de sentido nas vidas de pequenos e jovens cidadãos (inseridos numa comunidade que educa e se educa) que continuarão, depois de nós, o projeto de uma sociedade mais solidária, mais inteligente, mais ética... mais feliz.

O dia mantinha-se cinzento e nevoento, mas não a expressão das nossas faces ao abandonar a Escola da Ponte para continuarmos a visita a outras escolas. Aquela escola era uma lição de prática teorizada, de uma prática viva, situada e interpeladora. Era uma 'escola formadora' que, encontrada uma legislação (ou uma aplicação da mesma) sensível e enquadradora, poderia potenciar a sua experiência de modo a induzir e multiplicar a inovação.

Mal pude conversar com o meu amigo José Pacheco, anfitrião ocupado e, com razão, orgulhoso. Não esqueço, porém, que se manteve num silêncio atento durante a Assembleia. Tocou-me a sua presença discreta, recusando qualquer protagonismo, mas claramente 'saboreando' a qualidade das interpelações que meninos e pais faziam ao Senhor Presidente. E lembrei o 'Operário em Construção' do Vinícius de Morais: 'Era ele que erguia casas/ Onde antes só havia chão./ Como pássaro sem asas/ Ele crescia com as casas/ Que lhe saíam das mãos'. Anos depois, argui um trabalho acadêmico de cariz etnográfico sobre o envolvimento dos pais na escola da Ponte[7]. Lembro que, na altura, tomei a 'liberdade etnográfica' de ler alto um texto de Italo Calvino sobre o sentido de projeto. Continuando uma relação de profundo respeito e admiração, que se tem alimentado com a troca de livros – foi José Pacheco que me iniciou ao pensamento criativo e provocador de Rubem Alves – enviei-lhe o livro 'As Cidades Invisíveis' que ele afirmara não conhecer. Mas 'conhecia', pensei, porque o projeto da Escola da Ponte era como 'a filigrana de um desenho tão fino que escapasse ao roer das térmitas'[8]. A equipe da Escola da Ponte sabia dia após dia, 'por dentro', o que era contribuir para a construção de 'cidades invisíveis'. Longe estava eu de imaginar, nesta pseudodemocracia da regulação 'por decreto', da burocracia asfixiante, e da tomada de decisão segundo critérios meramente economicistas, que tal projeto pudesse ser posto em causa.

Com as crianças, pais, professores e comunidade da Escola da Ponte (à qual sei que pertenço desde esse dia de janeiro de 1998) pedimos e exigimos que o Projeto 'não se interrompa' para o podermos levar a mais crianças, mais famílias, professores, comunidades. Como um dia que, mesmo cinzento e nevoento, não quer desistir: o projeto da Escola da Ponte levou tempo a construir e os atores deste projeto não podem 'interromper-se'. Assim, é urgente não sufocarmos em desesperança e escolhermos lutar e acreditar que 'a filigrana de um desenho tão fino' possa mais que o 'roer das térmitas'." (Vasconcelos, 2004)

---

7   Por razões que se prendem com a salvaguarda do anonimato da investigação, o nome do autor não é mencionado.
8   I. Calvino. 1990. p. 10.

Em seguida, Manuel Sarmento:

"A Escola da Ponte vem marcando a agenda educativa de forma discreta, porém persistente, desde há uns anos a esta parte. Desde logo, pelo seu reconhecimento como uma escola com um projeto educativo inovador, devidamente legitimado por instâncias públicas de identificação e divulgação de boas práticas educacionais (sendo de destacar nessa identificação, em especial, a ação do extinto Instituto de Inovação Educacional, através dos seus programas SIQE e Boa Esperança, e a inserção da escola na importante Presidência Aberta da Educação, realizada pelo Presidente da República Dr. Jorge Sampaio). Depois, pelo conjunto de reflexões que tem vindo a promover e permitir no âmbito da comunidade acadêmica das ciências da educação, nomeadamente aqueles que são construídos pelos 'fundadores' da escola, especialmente pelo José Pacheco, em testemunho direto de uma reflexividade que é inerente a uma praxeologia comprometida com a transformação educacional e social. Finalmente, mas não com menor importância, porque a Escola da Ponte tem vindo a travar um delicado e contínuo braço de ferro com os sucessivos poderes políticos e administrativos da educação (não desmentida, sequer, pela trégua colaborativa celebrada por altura do Governo PS), com visível agravamento recente, com o impedimento pelo Ministério de David Justino da continuação e consolidação do projeto com a sua expansão, aliás prevista e legalmente consagrada, até ao 9.º ano de escolaridade, de forma a completar a totalidade dos anos de escolaridade básica e obrigatória. A Escola da Ponte tem-se dado mal com o poder e este último episódio é bem revelador de tensões que, todavia, não lograram atirar o projeto educativo da escola para fora do sistema, mantendo-se, tenso e crítico, nessa 'margem de dentro' onde se joga a pulsão transformante dos sistemas instituídos nos limites das suas possibilidades.

Há seguramente, razões de conjuntura política que fazem com que uma escola premiada, considerada inovadora, reconhecida pelo seu já longo historial de afirmação consistente de um projeto educativo autónomo e renovador, estudada e divulgada por numerosos cientistas da educação e avaliada favoravelmente por uma comissão de nomeação governamental, sofra atropelos aos seus objetivos de desenvolvimento e tenha públicas dificuldades de consolidação dos seus planos de expansão. No entanto, para além das razões de conjuntura, a peculiaridade das condições de funcionamento da Escola da Ponte e a sua relação tensa com o sistema educativo em que se insere é revelador de um dos mais importantes paradoxos caracterizadores da escola contemporânea.

Se quiséssemos identificar numa só expressão a natureza desse paradoxo, diríamos que ela se situa no fato de a escola pública de massas gerada na modernidade ter constituído o aluno através da 'morte' simbólica da criança que nele habita; ora, o trabalho da Escola da Ponte é, em larga medida, caracterizável pela desconstrução da condição estatutária dos sujeitos de aprendizagem, através de uma reinvenção do ofício de aluno que promove e resgata a criança em cada um. Esta dimensão não cobre a totalidade dos aspectos em que a Escola da Ponte se singulariza no seu projeto – nomeadamente, no que respeita às especificidades pedagógicas do seu modo de ação educativo, às características de organização do seu espaço-tempo, ao entendimento da cultura escolar como construção instituinte de saberes e à aprendizagem científica como trabalho de observação e experimentação, à reconfiguração do sentido do trabalho docente como desempenho coletivo, e, sobretudo, ao sentido democrático e participativo do processo decisional – mas está intimamente articulada com todos eles.

[...]

No entanto, a institucionalização da infância por via da criação e expansão de uma instituição específica e exclusiva – a escola – não implicou que a escola pública[9], desde a sua génese, adquirisse um

---

9 Referimo-nos à escola pública, ainda que as considerações aqui construídas possam ter por referência a totalidade das escolas. Não obstante, a vinculação da escola pública a um projeto político de edificação do Estado-Nação, que se concretizou no dealbar da modernidade, tornou estas questões muito mais sensíveis na escola que, de início se quis para servir todos e progressivamente se veio a edificar como a escola

'modo de produção escolar' (Lemos Pires, 2000) único e uniforme, ou, pelo menos, que o fizesse dominantemente sem importantes tensões. Com efeito, uma dupla orientação ter-se-á desenvolvido, assente numa antinomia entre a tendência 'desenvolvimentista' – enraizada na perspectiva da 'formação integral' do ser educando e na perspectivação do desenvolvimento infantil como algo que se vai construindo a partir da promoção das próprias capacidades, da mobilização da respetiva experiência de vida e da vitalização pedagógica da livre iniciativa das crianças – e a tendência 'elementar' – academicista e disciplinadora, perspectivadora da prática educativa como de transmissão reprodutiva dos conhecimentos inerentes à cultura escolar, com os correlativos processos de avaliação certificadores da conformidade das aprendizagens com os conteúdos prescritos para serem ensinados e com a subordinação dos alunos a uma disciplina social imposta (Pollard, 1985). A tendência desenvolvimentista, cuja fonte inspiradora é o pensamento de Jean-Jacques Rousseau, alcançou uma importante influência nas correntes pedagógicas ativas, mas não logrou, com efeito, influenciar decisivamente o modo de edificação da escola de massas. Em contrapartida, foi a corrente elementar a que – sofrendo inspiração numa conceção de criança que a entende como 'tábula rasa' onde tudo pode ser inscrito ou como 'ser naturalmente amoral e irracional' e formulada, entre outros autores, por filósofos como Locke ou Montaigne e prescrita na sua matriz pedagógica por Comenius[10] – obteve um maior êxito na impregnação simbólica da forma escolar tradicional.

A escola tradicional adotou dominantemente um modelo formal envolvido numa conceção elementar, academicista e disciplinadora e assumiu, como pressuposto básico, uma representação da infância como categoria geracional caracterizada por um estatuto pré-social,

---

para todos. Poderemos contrapor que em certas escolas privadas, especialmente em escolas dirigidas por movimentos de renovação pedagógica ou em escolas de elites, com objetivos e razões distintas, se construíram projetos educativos centrados na autonomia das crianças e com uma configuração alternativa do *ofício de aluno*.

10 Sobre isto, *cf.* Narodowski, 2001 e Gimeno Sacristán, 2003.

uma forma de pensamento 'moldável' e um comportamento 'socializável' e uma presumida heteronomia, inibidora do exercício de direitos participativos próprios. A representação da infância que aqui se contém supõe o exercício 'legítimo' do poder disciplinar pelo adulto que a 'educa'. O poder saber é inerentemente um poder disciplinar inquestionado. Assim se constitui um mofo de 'administração simbólica da infância' (Popkewitz, 2000) que permaneceu praticamente idêntico até ao último quartel do século XX.

Um dos paradoxos da escola na modernidade a que nos referimos atrás – e, seguramente, não um dos menores – é o de que toda uma forte tradição pedagógica, com importante influência na construção da reflexividade institucional sobre a educação, se filia na orientação desenvolvimentista e é confessadamente tributária do pensamento de Rousseau, em flagrante oposição a essa outra figuração da escola tradicional, que é, todavia, dominante. Referimo-nos à corrente que passa pelo Movimento da Escola Nova, mas influencia, igualmente, pensadores e pedagogos como J. Dewey, Makarenko, C. Freinet, L. Kholberg, Paulo Freire ou os portugueses Faria de Vasconcelos e António Sérgio. Referimos todos estes nomes – e especialmente estes e não outros – porque a Escola da Ponte se torna ininteligível sem a consideração do contributo pedagógico destes autores e dos movimentos que se inspiram no seu pensamento.

No entanto, seria sempre redutor interpretar a ação educativa concreta e os seus sistemas operativos a partir das prescrições do discurso pedagógico. A especificidade do trabalho da Escola da Ponte não reside no fato de se filiar numa pedagogia de orientação desenvolvimentista (recuperando ainda a expressão de Pollard, que se distingue, nas suas denotações e conotações, das perspectivas da psicologia piagetiana do desenvolvimento). Neste aspecto, aliás, a Escola da Ponte, afortunadamente, não está só no panorama educativo português, sendo necessário considerar, a este propósito, outras escolas, por vezes com perspectivas distintas, mas igual filiação numa tradição pedagógica promotora do centramento na aprendizagem e nos direitos dos alunos, incluindo nelas, sem uma preocupação de exaustão, as práticas educativas do Movimento da Escola Moderna, as escolas do Projeto das Escolas Rurais filiadas no Instituto das Comunidades Educativas, as escolas e jardins de infância inseridos em Projetos como o ECO, Educação para o Desenvolvimento (S. Torcato), Radial, Ousam (Paredes de Coura), Águeda, Gouveia, e tantas outras escolas e jardins de infância disseminados um pouco por todo o país, sem grande visibilidade mediática, mas com persistência no prosseguimento da sua ação educativa.

A natureza distinta do trabalho da Escola da Ponte reside, antes, na capacidade de se assumir, 'enquanto escola pública', como um sistema de ação educativa concreta (nome que vimos preferindo ao de 'organização escolar', *cf.* Sarmento, 2000), capaz de fazer da abordagem desenvolvimentista da prática pedagógica uma reconfiguração do trabalho educativo realizado pelos alunos (e também pelos professores, mas essa é outra questão) que desconstrói a rutura entre o aluno e a criança, para fazer coincidir o 'ofício do aluno com o ofício da criança'[11].

Contrariamente à conceção dominante, decorrente da construção social moderna da infância, isto significa que a criança é considerada como sendo um ator social produtivo, que realiza uma parte fundamental do seu trabalho na escola – o que permite restaurar a dignidade do 'trabalho infantil', enquanto ação contributiva para o desenvolvimento social, tornando mais evidente a ignomínia social da 'exploração infantil', nas atividades produtivas de natureza econômica direta, que impedem ou afetam o desempenho do estudo como ofício da geração mais nova – sob a supervisão do adulto, mas com as condições de participação necessárias para impedir que esse trabalho seja alienado. Esta conceção obriga a mobilizar a totalidade da personalidade do aluno na programação, direção

---

11 Estamos a trabalhar aqui com conceitos, cujo sentido esperamos poder tornar-se claro ao longo do texto, que têm sido objecto de uma intensa teorização, sobretudo no âmbito da Sociologia da Infância e da Sociologia da Educação de expressão francófona (cf. Sirota, 1994 e Perrenoud, 1995).

e realização das atividades educativas. Deste modo, é a criança – e não o adulto – quem prioritariamente organiza o trabalho educativo, fazendo-o sob condições, num contexto que está definido e, de algum modo, finalizado pela estrutura institucional da escola pública (deste modo, a criança não deixa de ter um estatuto social e papéis socialmente consignados; por outras palavras, não deixa de ser um aluno e realizar tarefas de aprendizagem), mas não dilui ou submete a sua alteridade enquanto sujeito, integrante de um grupo geracional com características biopsicológicas, sociais e 'culturais' próprias. Criança-aluno e aluno-criança tendem a equivaler-se e não mais a dissociar-se; deste modo se dissolve essa relação paradoxal da escola da modernidade que, para se impor, teve de matar a criança para fazer nascer o aluno.

[...]

A Escola da Ponte (e outras escolas que consagraram a Assembleia como dispositivo efetivamente decisório) constitui a 'exceção por cumprimento legal' (sendo que a Convenção tem prevalência sobre a lei interna), o que não deixa de se adicionar à coleção de paradoxos que rodeiam a escola pública...

[...]

As singularidades, por definição, não se repetem, mesmo se encontrarmos na analogia a hipótese de uma identidade, simultaneamente, múltipla e comum. A Escola da Ponte não é um modelo. Mas ao exprimir, no seu projeto, uma questão tão crucial como esta de reinventar o ofício de aluno face às contingências sociais e à turbulência que fazem da instituição escolar uma instituição em crise ou em declínio (Dubet, 2002), mais do que apontar o caminho, sinaliza o ponto nodal das mudanças educativas necessárias na fase atual da modernidade: a de, na pluralidade de manifestações possíveis e de princípios de justificação, construir a escola como um 'mundo de vida' das crianças, entendidas como atores sociais plenos e competentes e não já como a 'oficina das almas' de um futuro agora imprevisível. Não deixaria de ser paradoxal que o atropelo que a Escola da Ponte sofre pela burocracia administrativa ou, pior, pela política educativa neoconservadora, recolocasse na ordem de dia do debate educacional o sentido preciso das mudanças necessárias para a revitalização e defesa da escola pública. Esse seria um outro contributo (mesmo se inesperado e não desejado) da Escola da Ponte para a construção da educação democrática…" (Sarmento, 2004)

Finalmente, Rui Canário, num texto datado de 2004:

"Ao longo dos últimos 25 anos desenvolveu-se na Escola da Ponte uma experiência ímpar, marcada por um percurso complexo, não linear e necessariamente conflitual, enquanto, paralelamente, se processava uma sucessão de reformas conduzidas pelas sucessivas equipas do Ministério da Educação. Como é próprio das paralelas, estes dois processos nunca se encontraram, no sentido de mutuamente se fecundarem. Ao longo de mais de duas décadas o Ministério agiu como um obstáculo, primou pela ausência e raramente se colocou numa posição facilitadora, com exceção do curto lapso de tempo em que esta, como outras experiências inovadoras, esteve integrada no Programa Boa Esperança, da responsabilidade do Instituto de Inovação Educacional. Pode, assim, dizer-se que a experiência da Escola da Ponte se desenvolveu à margem e 'apesar' das reformas. Seremos até mais exatos se afirmarmos que ela se desenvolveu 'contra' as reformas, na medida em que se baseia em pressupostos e em soluções que são contraditórios com aquilo que tem sido a ação dominante da Administração.

– A experiência da Escola da Ponte tem subjacente uma teoria e uma prática de formação de professores baseada no exercício profissional em contexto, combinando a ação e a reflexão coletivas. Na história da experiência ganha particular relevância a construção de projetos autoafirmativos, baseados na figura do círculo de estudos. Esta formação nada tem a ver com o desenfreado 'consumo' da formação, orientado para a acumulação de créditos que constituiu o eixo estruturante da formação contínua de professores durante a década de 90.

– A experiência da Escola da Ponte encontrou uma resposta pedagogicamente coerente para lidar com a heterogeneidade do público escolar, sendo exemplar a forma como integra e resolve os problemas dos chamados 'alunos difíceis' ou com 'necessidades especiais'. A construção desta resposta só foi possível num quadro de superação da organização em classe, na medida em que esta foi historicamente concebida para lidar com o 'aluno médio'. Pelo contrário, as sucessivas reformas, em termos da individualização pedagógica, têm permanecido no estádio da retórica ou, pior que isso e em nome da diferenciação, reproduzem o que há de mais negativo na organização homogénea em classes. Disto são um claro exemplo os chamados 'currículos alternativos'.

– Na experiência da Escola da Ponte os professores falam pouco de autonomia, mas exercem-na e constroem-na desde há muito. É uma autonomia não outorgada nem tutelada. Em contrapartida, a autonomia decretada pelo Ministério desencadeou (por boas ou más razões) um sentimento defensivo e de rejeição pelos professores, da autonomia 'que lhes caiu em cima'. Parece ser óbvio que não é a mesma autonomia que está em causa.

– As preocupações com a flexibilidade da gestão curricular estão melhor representadas na experiência da Ponte (polivalência dos espaços, flutuação dos agrupamentos dos alunos, gestão autônoma dos tempos, diversidade de dispositivos de aprendizagem, organização democrática da vida da organização) do que nas sucessivas 'reformas curriculares' que, em nome da flexibilidade, estabelecem, de modo 'inflexível', soluções uniformes (por exemplo, que a aula de 50 minutos seja substituída, em todo o lado, de forma obrigatória e 'autônoma' pela aula de 90 minutos).

Se a experiência da Escola da Ponte e a atividade reformadora central obedecem a lógicas divergentes, não é possível reconhecer a experiência da Ponte e praticar o contrário? O que é que estamos disponíveis para aprender com a escola da Ponte?

[...]

Razões boas e válidas para justificar a solidariedade com a Escola da Ponte não faltam. A dificuldade reside em escolher e hierarquizar. O processo de luta em que estão implicados os professores, os alunos e os encarregados de educação desta escola é, a vários títulos, exemplar e nessa exemplaridade reside a sua importância, independentemente dos resultados imediatos que possam ou não ser obtidos.

Em primeiro lugar, o processo da Escola da Ponte representa um referencial para todos os que continuam a considerar fundamental a existência de um serviço público de educação, norteado pelos valores da democracia e da justiça. O projeto educativo da Escola da Ponte ilustra bem a possibilidade de construir uma escola simultaneamente exigente e eficaz na promoção das aprendizagens e capaz de acolher uma grande diversidade de públicos, construindo um ambiente educativo que reconhece nos alunos as pessoas que os habitam. Em segundo lugar, os professores desta escola batem-se pelo reconhecimento do seu direito a definir o sentido e a controlar o produto do seu trabalho e este combate faz-se em consonância com uma conceção de idêntica dignidade e valorização do trabalho dos alunos. Em terceiro lugar, a construção de um dispositivo global de aprendizagem, inovador em relação à tradicional 'gramática' da escola, é concomitante com um processo de coprodução da oferta educativa com os seus destinatários e interessados (alunos e encarregados de educação), através de mecanismos de participação que ultrapassam o mero registo formal.

A autenticidade destes mecanismos participativos tem sido bem evidenciada pelos acontecimentos mais recentes. Esta experiência anuncia-nos uma escola cujo projeto educativo pode assentar em valores que são emergentes da ação coletiva dos atores educativos, único suporte sólido para uma autonomia liberta de tutelas centrais ou locais." (Canário, 2004)

A Escola Pública da Ponte

Como começou a ser pública a Escola da Ponte?
O projeto de Escola Pública 'Fazer a Ponte' teve início em 1976. Em 2001, publiquei um artigo, que fazia um pouco da sua história. Aqui vo-lo deixo, tal como o dei à estampa nesse ano, embora precisasse de alguma 'atualização'.
À distância de quase cinquenta anos, em relação ao início do projeto, este texto apresenta-se como algo artesanal, até 'naif'... Mas, quando o reli, me emocionei com a simplicidade que ele traduz. E o deixei ficar como estava.

Uma escola sem muros

> "É a natureza do trabalho escolar que deve determinar a estrutura dos edifícios [...]. A nossa escola será uma 'oficina de trabalho' integrada na vida do meio. Este destino específico necessita de uma estrutura nova."
> (C. FREINET)

A Escola da Ponte é uma escola de 'área aberta' construída por vontade dos professores, onde não foram erguidos muros nos lugares em que os arquitetos derrubaram as paredes.
A arquitetura também desempenha um importante papel na concretização dos objetivos do projeto. A disposição espacial ampla encontra a sua maior expressão num conceito de escola aberta que se

revê como uma 'oficina de trabalho', parafraseando Freinet, ou 'escola laboratorial', recorrendo a Dewey. É um edifício-escola que permite o desenvolvimento de uma pedagogia orientada para uma 'praxis' social de integração do meio na escola e da escola na vida, aliando o saber ao saber fazer.

Nesta escola não há 'salas de aula' e não há 'aulas'. Um espaço pode, no princípio de um dia de trabalho, acolher o trabalho de grupo, pode servir a expressão dramática, a meio da manhã, e pode receber, no fim do dia, as crianças que vão participar no 'debate'. Num mesmo dia, o polivalente pode ser um espaço de cantina, de assembleia, de expressão dramática, de educação físico-motora...

A distribuição das crianças por espaços específicos apenas acontece em situação de 'iniciação' e de 'transição', como a seguir se explica.

As crianças da 'iniciação' dispõem de um espaço próprio, onde aprendem a ler, a escrever e a ser gente. Porém, os mais novos não permanecem continuamente neste espaço, partilham outros, nomeadamente, nas áreas de expressão. As crianças da 'iniciação' leem e produzem escrita desde o primeiro dia de escola. Quando a primeira frase surge, é trabalhada em letras maiúsculas de computador. Há, sobretudo, dois tipos de texto: o 'texto inventado' (que é quase o equivalente do chamado 'texto livre') e o que resulta da procura, seleção e tratamento de informação, e que é exposto nos murais.

O que distingue a 'iniciação' dos restantes níveis é, sobretudo, o modo como se faz a planificação e uma maior intervenção dos professores. Quando uma criança acede a um grau de autonomia que lhe permita a socialização em pequeno grupo, participa de pequenos jogos assistidos por colegas voluntários sem, contudo, sair do espaço da 'iniciação'.

A saída deste nível verifica-se quando a criança revela competências de autoplanificação e avaliação, de pesquisa, e de trabalho em pequeno e grande grupo. Aos primeiros planos, elaborados pelos professores, sucedem-se esboços de planificação que cada aluno vai aperfeiçoando, até atingir a capacidade de prever uma gestão equilibrada dos tempos e dos espaços de aprendizagem.

A 'transição' – onde algumas crianças permanecem apenas o tempo necessário para reconstruírem os seus itinerários de aprendizagem –

também dispõe de um recanto para que as crianças se possam reencontrar consigo e com os outros. Todos os anos, chegam à Ponte várias crianças vindas de outras escolas. Vêm acompanhadas de relatórios elaborados por psicólogos, médicos, pedopsiquiatras... Estas crianças precisam de tempo e de um tipo de atenção que lhes facultem a recuperação da autoestima e uma integração plena na comunidade que as acolhe.

Os grupos de 'desenvolvimento' circulam em total liberdade pelos diversos espaços da escola e convivem segundo uma estrutura familiar, sem separação em classes ou anos de escolaridade, o que, pela aproximação a um contexto de cariz mais afetivo, mais condicente com a vida em família, embora exequível no contexto institucional, minimiza os efeitos da transição para a vida escolar e oferece as condições de estabilidade para um crescimento equilibrado.

O espaço e o tempo de aprender

> "Organizamos minuciosamente a vida da escola para que desta organização decorram naturalmente o equilíbrio e a harmonia."
>
> (C. FREINET)

O derrubar das paredes libertou alunos e professores da rigidez dos espaços tradicionais e acompanhou o derrube de outros muros. Em conjunto com as alterações arquitetónicas atrás referidas, outras opções organizacionais marcaram a rutura com o modelo tradicional de organização da escola, que considerávamos não respeitar as individualidades e não favorecer o sucesso de todos.

Referimo-nos à organização do tempo e, concretamente, à opção pelo 'modelo de dia escolar integral' (ausência de turnos) que evita fraturas na organização do trabalho, porque não há necessidade de partilhar o espaço com grupos diferentes e lógicas de funcionamento também diferentes. O dia escolar integral facilita a adoção de processos de organização e gestão participada do tempo e do espaço e a sua apropriação por parte da população escolar.

Referimo-nos, também, à ausência de muros na atribuição do espaço aos alunos: ressalvados os já referidos casos específicos da iniciação e da transição, 'todo o espaço está ao dispor de todos os alunos, ao longo de todo o tempo de funcionamento da escola', sem consideração de classe e sem consideração de anos de escolaridade. Esta opção permite uma mobilização integrada das estruturas curriculares e paracurriculares, de acompanhamento e de socialização, estimula a participação na experiência pedagógica quotidiana e permite colocar igual ênfase na aprendizagem dos processos como na dos conteúdos, enquanto estratégia de aprender a aprender.

Referimo-nos, ainda, ao progresso dos alunos em que também se 'aboliu ou se atenuou os efeitos do mecanismo de aprovação/reprovação', por não se lhe encontrar o sentido numa escola em que se procura que tudo se conjugue para proporcionar uma programação flexível adequada ao progresso dos alunos ao longo do ciclo de estudos e, desde logo, uma perfeita correspondência entre progressão e progresso.

Esta excecional abertura das condições de organização do trabalho escolar poderia ser geradora do caos e permitiria acolher qualquer tipo de projeto. No caso desta escola, a criação de tais condições tinha, precisamente, em vista eliminar os escolhos que a organização tradicional impõe ao desenvolvimento de um projeto singular de educação, em que se procura estabelecer a coerência entre as vertentes cultural, socializadora e personalizadora da educação. É que, se a própria promoção do sucesso académico pode, por si só, igualmente constituir fator gerador de estabilidade emocional e de integração social, a atenção que se preconiza para as duas últimas vertentes implica, desde logo, que o ato educativo se direcione sobre elas mesmas e que a própria organização e vivência se constituam em fator de aprendizagem.

A vivência na comunidade escolar tem um carácter formativo, veiculador de valores sociais e de normas por todos assumidas e elaboradas com a participação de todos.

Na Ponte, vive-se, cultiva-se, respira-se a delicadeza no trato, suavidade na voz, a afabilidade para com o colega, a disponibilidade, a atenção ao outro, a capacidade de expor e de se expor. A interajuda permanente acontece em todo o sistema de relações, a partir do exemplo dado pelo trabalho em equipa dos professores.

Repensar a escola

> "A Educação é um ato de amor, por isso, um ato de coragem. Não pode temer o debate. Como aprender a discutir e a debater com uma educação que impõe?"
> (PAULO FREIRE)

Ao estabelecer uma clara e definitiva rutura com a organização em classe, esta escola assumiu, em concreto, a tarefa de encontrar uma outra forma de pensar a organização escolar. Essa rutura – que não terá, forçosamente, de acontecer em todas as escolas, mas em cada qual a seu modo... – teve consequências a vários níveis.

Para que se não cerceasse a liberdade e autonomia dos alunos, forçoso se tornou que a abertura organizacional estabelecida fosse sendo matizada por um conjunto complexo de dispositivos que, a par e passo, se irão explicitando em relação às várias dimensões de organização pedagógica da escola. Estes dispositivos, ao constituírem marcadores do quotidiano escolar, reafirmam a preocupação com o tratamento integrado das várias finalidades do projeto.

No domínio das relações interpessoais e do equilíbrio afetivo dos alunos, o 'quadro de direitos e deveres' regula todo o sistema de relações, mas é proposto, debatido e aprovado pela Assembleia da Escola, no início de cada ano letivo.

A 'caixinha dos segredos', onde as crianças depositam 'um recado', sempre que pretendem conversar em segredo com algum professor, permite manter e aprofundar cumplicidades entre alunos e professores e, assim, reequilibrar afetivamente os alunos.

O 'debate' é um dispositivo de trabalho coletivo onde cabem, entre outros, a discussão de assuntos do interesse dos alunos e a gestão de conflitos. Realiza-se no final de cada dia de trabalho, exceto à sexta-feira, dia em que todos os alunos reúnem em assembleia.

A 'Assembleia da Escola' tem um cariz mais formal e mais abrangente. Obedece a uma convocatória que estabelece os assuntos a tratar, cujo tratamento e conclusões são registados em ata no final de cada reunião. É dirigida pela Mesa da Assembleia, que é eleita no início de cada ano letivo. E serve, entre outros, para preparar projetos, resolver conflitos, estudar os relatórios das 'Responsabilidades'...

A organização de meios e a gestão do bem-estar são de responsabilidade coletiva, de acordo com categorias de tarefas a que se dá o nome de 'Responsabilidades', de que abaixo se apresenta exemplos. O cumprimento das tarefas incumbe a grupos de alunos, aos quais se dá o nome de 'grupos de responsáveis'. Há, por exemplo, o 'grupo dos murais' (a quem compete manter os murais atualizados e organizados), o grupo do 'recreio bom' (a quem cabe velar pelo bem-estar de todos, nos períodos de 'recreio'), o dos responsáveis pelo material comum, pelo terrário, etc. De quinze em quinze dias, todos os grupos de todas as responsabilidades apresentam na 'Assembleia' o relatório com tudo o que fizeram da sua responsabilidade, durante esse tempo.

Exemplo de quadro de 'responsabilidades' elaborado pelos alunos:

Murais	· Fazer a capa dos trabalhos já afixados para 2000/2001.
Borboletas Búzias Abelhinhas	· Sempre que é preciso, retirar o que está afixado e afixar trabalhos novos.
	· Antes de afixar, perguntar se os trabalhos estão corrigidos. Se não estiverem, dizer aos colegas para pedirem aos professores para os corrigirem.
	· Arranjar as folhas que estiverem a cair.
	· Enfeitar os murais para estarem sempre bonitos.

Recreio bom Dragões Falcão Amizade	• Chamar os colegas para dentro, depois do intervalo, quando eles se esquecem. • Ajudar os colegas que entram a correr na escola ou que descem as escadas a correr. • Ajudá-los para não haver lutas. • Ajudar os colegas para não atirarem paus e pedras. • Se houver lixo no chão, apanhá-lo e pedir ajuda aos colegas para também o fazerem. • Ajudar os colegas para não subirem às árvores e não arrancarem ramos. • Ajudar a respeitar a natureza. • Ajudar os colegas a jogar à bola e a respeitar as regras.
Rádio e computadores 3 mosquitos Sonic Digimon e pokémon	• Logo de manhã ligar todos os computadores. • Durante o dia guardar os trabalhos escritos nos ficheiros (antes do intervalo da manhã, antes do almoço e ao fim do dia de trabalho). • Ajudar os colegas que têm dificuldades, por exemplo: a escrever (iniciação), a pôr imagens, a abrir ficheiros (assembleia, acho bem e acho mal). • Quando está a chover durante os intervalos, abrir jogos e ajudar os colegas que ainda não sabem jogar. • Verificar se os grupos que consultam e enviam os seus e-mails registam a data de consulta e de envio, no cartaz respetivo e ajudar os grupos que ainda têm dificuldade em ler ou enviar e-mail.

Arrumação Estrelas Amigas	• Chamar a atenção dos colegas para que arrumem as pastas direitinhas. • Verificar se os cacifos estão arrumados e, se não estiverem, ajudar os colegas para que os arrumem. • Organizar o sítio dos perdidos e achados e, uma vez por semana, cuidar de entregar tudo o que foi encontrado.
Material comum Três águias	• Colar etiquetas em cada frasco com o nome dos materiais que vamos lá guardar. • De vez em quando, lavar os frascos, para estarem sempre limpinhos. • Afiar os lápis sempre que for preciso. • Verificar se o material está completo. • Verificar se os marcadores e colas têm as tampas. • Verificar se os lápis de cera estão partidos ou gastos e substituí-los. • Chamar a atenção dos colegas para arrumarem o material quando já não precisam dele.
Data e aniversários Golfinhos Aventureiros	• No fim de cada mês, saber dos colegas, professores e funcionários quem é que faz anos no mês seguinte. • Fazer um cartaz para afixar na entrada da escola. • Todos os dias colocar nos murais e, no início de cada mês, mudar o nome do mês.

Cabides Patinhos	· No início do ano, verificar se todos os alunos têm cabide com o seu nome. · Verificar diariamente se não há casacos no chão. · Ajudar os colegas que não arrumam os casacos e guarda-chuvas.
Terrário e jardim Desportivo das aves Rosas de ouro	· Regar as plantas do interior da escola todos os dias. · Avisar, sempre que for necessário, os colegas para não calcarem as plantas. · Limpar o terrário para que os animais se sintam no seu habitat. · Não deixar os animais em período de fim de semana e férias sem água nem comida. · Não meter animais no terrário que se comam uns aos outros, a não ser insectos.
Jogos Cientistas Metálica	· Organizar o armário dos jogos. · Dar um número a cada jogo (etiquetar). · Fazer uma lista com o número e nome dos jogos. · Abrir os jogos sempre que chove e, quando os colegas pedirem, entregar os jogos. · Quando recebermos o jogo, ver se está completo e está em bom estado. · Quando recebermos o jogo, ver se a tampa da caixa é a correcta. · Verificar os colegas que não sabem estar nos jogos e ajudá-los.

Biblioteca Estrelas Sereias	• Cuidar para que os livros estejam sempre arrumados nos armários e mesas. • Ajudar os colegas que não os sabem arrumar direitos. • Chamar a atenção dos colegas que deixam os livros fora do sítio. • Colar os livros sempre que for preciso. • Fazer capas novas quando as capas dos livros estiverem estragadas. • Verificar a folha do **clube dos leitores.** • Ver quem tem os livros em casa há muito tempo. • Ajudar os colegas que nunca levam livros para levarem. • Mudar, de vez em quando, os livros do **clube dos leitores,** pôr livros novos no armário. • Cuidar dos livros para não rasgarem nem riscarem.
Mapa de presenças Conchinhas amarelas	• No fim de cada mês, preparar o mapa de presenças do mês seguinte. • Verificar se estão assinalados a verde os que chegam a horas à escola, a amarelo os que chegam mais tarde e assinalar a vermelho quem falta. • Ajudar os colegas que ainda não assinalaram ou fizeram errado. • No fim do mês, guardar numa capa o mapa do mês que acabou.

No domínio do agrupamento de alunos, o 'grupo heterogéneo' é a unidade básica adotada, muito embora a organização do trabalho alterne entre o trabalho em grupo, o trabalho de pares e o trabalho individual; é, geralmente, constituído por três alunos e organizado de modo a promover a participação e entreajuda entre alunos de diferentes idades e níveis de desenvolvimento. Apesar de o vínculo afetivo ser a base da constituição do grupo, prevalece uma condição para a sua constituição: cada grupo deve incluir um aluno que tenha mais 'necessidade de cuidados'. No início de cada ano letivo, após o acolhimento dos mais novos, é organizado um jogo. Cada criança recebe um papel onde está inscrito um símbolo (entre três possíveis) e terá de fazer grupo com duas crianças que possuam símbolos diferentes do seu. Este jogo dura apenas até meio da primeira manhã. A partir desse momento, os alunos podem mudar de grupo sempre que o desejarem, desde que se mantenha a regra da heterogeneidade.

Na perspetiva de uma gradual e sustentada passagem para um contexto de 'inclusão', foi-se esbatendo uma 'integração', enquanto processo através do qual as crianças consideradas com necessidades especiais eram apoiadas individualmente, de forma a poderem participar no quotidiano de uma escola inalterada. Não podendo ser ainda considerada uma 'escola inclusiva', a Escola da Ponte tende para a 'inclusão' e, neste sentido, o trabalho em grupo heterogéneo assume um papel preponderante.

No plano curricular, o suporte tecnológico da correspondência entre a progressão e o progresso dos alunos é, a par da avaliação contínua, o ensino individualizado. Ora, nesta escola, a gestão das aprendizagens e dos respetivos tempos e espaços é da responsabilidade de cada criança, sujeita, embora, a orientações definidas de forma partilhada numa unidade de planeamento de base quinzenal.

Todo o planeamento curricular se subordina, em primeira instância, ao 'quadro de objetivos' afixado na parede de uma das salas. Trata-se de uma lista completa dos objetivos do(s) programa(s), mas descodificados, isto é, transcritos em linguagem acessível a todos e na lógica do ciclo. O plano de estudo é o mesmo para todos os alunos, mas há adaptações no currículo de cada um, em função das suas necessidades e capacidades, nomeadamente, no nível de iniciação e no da transição. No início de cada dia, cada aluno define o seu 'plano individual', que consiste num registo de intenções sobre o que quer aprender durante o dia. Este subordina-se, por sua vez, às propostas constantes do 'plano da quinzena', o qual resulta de negociação entre professores e alunos.

No final do dia e no final da quinzena, procede-se à 'avaliação dos planos' referidos, quanto ao seu grau de concretização, para definição dos planos e ações subsequentes.

A avaliação das aprendizagens é feita quando o aluno se sente preparado para o efeito. A 'autoavaliação' acontece quando alguém sente necessidade de manifestar ou aplicar conhecimentos adquiridos, expor competências, etc. Cada aluno comunica o que aprendeu e faz prova de aprendizagem só quando quer, quando sente que é capaz, o que, por vezes, consiste em comunicar aos outros, durante o 'debate', as descobertas realizadas.

As aprendizagens processam-se, quase sempre, em 'trabalho de pesquisa' e não se subordinam a manuais iguais para todos os alunos. Quando algum aluno não consegue concretizar os seus objetivos, recorre à ajuda do grupo ou pede uma 'aula direta' a um professor 'especialista'. A 'aula direta' acontece sempre que há pedidos de ajuda de grupos de alunos e em diferentes áreas. Para participarem nestas aulas, os alunos interessados inscrevem-se num mural que se designa por 'preciso de ajuda'. A 'aula' acontece num espaço próprio e em função da área e da dificuldade identificada.

Para o trabalho de pesquisa, os alunos dispõem de alguns meios preferenciais, como a 'biblioteca', as 'TIC' e os 'textos da quinzena', sendo a pesquisa orientada por tópicos e pelo apoio metodológico dos professores. A maior parte das pesquisas desenvolve-se na biblioteca, onde há livros ajustados a todos os níveis de aprendizagem, ou pelo recurso a novas tecnologias de comunicação e informação, para o que se encontra permanentemente disponível uma rede de computadores, a que cada criança recorre quando necessita. O 'jornal da escola' é também feito nos computadores e, ao longo de um quarto de século, mostrou ser um importante dispositivo de comunicação. O 'Dia a Dia' é mensal. Dá notícia de tudo o que se passa na escola e na comunidade envolvente. Os textos da quinzena (policopiados ou livros) são adaptados aos projetos em curso e às características de cada nível de desenvolvimento e servem de referência para todos os alunos, no decurso de uma quinzena de trabalho.

Educar é fornecer os meios e acompanhar processos de desenvolvimento. Na Escola da Ponte, o currículo escolar é entendido como um conjunto de situações e atividades que vão surgindo e que alunos e professores reelaboram conjuntamente. É feliz a criança a quem se permite satisfazer a liberdade de ação num ambiente de segurança, confiança e apoio criado pela presença dos educadores. Porém, a liberdade permitida a cada criança é concedida na proporção do que ela é capaz de utilizar. O plano da quinzena dos alunos é muito negociado com os professores, é também 'feito' pelos professores. Haverá nisto algo perverso? Partindo de problemas que os alunos inventariam, os professores agem como persuasores mais ou menos democráticos…

A liberdade é mitigada ainda mais pela necessidade de prestação de contas do que se faz. No final de quinzena, o dispositivo 'o que eu fiz e o que eu aprendi durante a quinzena' é uma espécie de relatório em que cada miúdo regista o que fez, o que não fez, o que aprendeu ou não aprendeu. A possibilidade de escolha pessoal do que se inscreve no 'plano do dia' é, por sua vez, subordinada ao 'plano da quinzena'.

Acresce que a autonomia é ainda mais relativa, se atendermos a que todos os alunos devem contemplar nas suas planificações a dimensão do projeto coletivo. Se cada um agisse isolado, onde estaria a ideia de projeto, onde estaria a escola? Todos convergem para os mesmos objetivos gerais, senão haveria diferentes e indiferentes escolas dentro de uma mesma escola.

Considere-se, ainda, os constrangimentos resultantes do trabalho em grupo heterogéneo, nos grupos de responsabilidades e a obrigatoriedade do cumprimento de regras aprovadas em assembleia. Considere-se ainda a existência do complexo sistema de dispositivos pedagógicos, que determinam a escolha de uma grande parcela das atividades, e perceber-se-á que nada é deixado ao acaso. As crianças agem livremente, integradas em espaços profundamente estruturados. E o espaço concedido à improvisação, à gestão da imprevisibilidade, à criatividade, é quase total, não sendo incompatível com uma cultura de esforço, exigência e realização pessoal, de grupo e coletiva. Depois, há o espaço individual dentro de cada grupo, aquele de que cada criança precisa. Daqui resulta que não há dois planos de trabalho iguais.

Este processo de gestão da aprendizagem encontra as condições ótimas de aplicação na continuidade da ação educativa, da coordenação e da relação pedagógicas. Ora, na Ponte, não estando os alunos divididos por turmas, os professores 'são professores de todos os alunos' e não estão afetos a um único espaço, a um único grupo de alunos. Mas há um fenómeno frequente: o do acompanhamento de um qualquer professor para onde quer que ele vá. Isto é, se um qualquer professor muda de sala, há alunos que também o fazem. Há um vínculo afetivo maior entre determinado grupo de alunos e determinado professor, uma ligação mais intensa. Contrariamente ao que nos diz o senso comum pedagógico, não há neutralidade na relação. Por essa razão, os professores e os alunos manifestam livremente as suas preferências, sem que isso afete negativamente o sistema de relações. Os alunos podem escolher os professores com quem querem trabalhar. Mas os professores podem tomar a iniciativa de convidar alunos para a formação provisória de pequenos grupos, para desenvolvimento de projetos ou tarefas pontuais. Nos diversos espaços educativos, nunca está um professor isolado. Os pais dos alunos também podem contactar um qualquer professor, para resolução de um problema ou pedir informações, em qualquer hora de qualquer dia.

Ninguém tem um lugar fixo para brincar, trabalhar e aprender. Nem os professores, nem os alunos. Ninguém tem tempos fixos para brincar, trabalhar e aprender. Embora haja um horário de referência para alunos e professores, estes não olham para o relógio, quando o que é preciso fazer-se tem de ser feito.

O rompimento com a organização tradicional da escola teve consequências também quanto ao repensar do serviço docente, tendo-se operado significativa mudança relativamente à tradicional divisão do trabalho dos professores no 1.º ciclo, o professor por classe. Do trabalho isolado passou-se ao trabalho em 'equipa educativa'. Superando as dificuldades do regime de professor único, optou-se por uma situação em que cada um dos elementos do corpo docente se 'especializa' em duas áreas do currículo, de modo a conseguir-se 'dar todo o programa' e não apenas o Português, a Matemática e o Estudo do Meio. Conseguiu-se, igualmente, contemplar a dimensão da formação pessoal e social dos alunos… e dos professores. Sem deixar de estar disponível para apoiar todo e qualquer aluno, a todo o momento, cada professor estará disponível para uma resposta cientificamente mais rigorosa em determinada área de especialização. No entanto, esta 'especialização' em áreas curriculares específicas processa-se no contexto de uma equipa e não pode ser confundida com a disciplinarização.

Os professores não precisam de preparar aulas, na aceção clássica do termo, porque não há aulas. Preparam, apenas e eventualmente, 'aulas' muito especiais, as chamadas 'aulas diretas'. Os professores preparam-se a si próprios, todos os dias, para responderem a tudo o que for necessário e para enfrentarem a imprevisibilidade. Preparam-se em equipa, diariamente e ao fim da tarde. Os trabalhos que vão ser desenvolvidos ao longo do ano são impossíveis de prever, dependem dos programas, da vontade dos alunos, da negociação e, até certo ponto, do acaso e da necessidade... No final de cada dia, os professores reúnem para avaliar o trabalho do dia e preparar o do dia seguinte.

A coordenação da equipa é outorgada, anualmente, a um dos seus elementos. Este age como porta voz e representante da equipa. Cada professor tem dois tipos de funções e exerce-as em trabalho de pares. Tende para a especialização numa determinada área curricular e assume responsabilidades na coordenação de um determinado projeto, no quadro do projeto educativo.

Todos os professores da atual equipa de projeto tinham trabalhado, anteriormente, sozinhos e com turmas de trinta e mais alunos. Todos tinham passado anos esforçados, fazendo o seu melhor dentro do que era possível, orientados por planos de aula concebidos para um hipotético 'aluno médio', queixando-se de não terem tempo para 'dar o programa'...

O fato de existirem programas não constitui um constrangimento para que a escola se possa organizar de outra maneira. Nós também não o teríamos, se não tivéssemos alterado as lógicas e o funcionamento da escola. Isto é, se não tivéssemos interpelado a hegemonia da lógica do ensino, segundo a qual o professor crê que é possível ensinar a todos como se fossem um só. Compreendemos que, se nos mantivéssemos cativos de aulas, manuais e testes, se não mitigássemos a função de ensinar com a instituição do aprender, também lamentaríamos não nos sobrar tempo para 'dar o programa'.

Decidimos harmonizar a atividade de ensinar com a de aprender, pondo a tónica do nosso trabalho nesta última. Não nos preocupamos com o 'dar o programa', porque são os alunos que o... aprendem. A ideia de um programa a transmitir a alguém, ao mesmo tempo, num mesmo espaço, do mesmo modo, já não faz sentido. Mas o programa de que os miúdos se vão apropriando faz sentido. Faz sentido a ideia de aprendizagens diversificadas, significativas, ativas, socializadoras e integradoras.

O que os professores da Escola da Ponte pretendem é o mesmo a que qualquer professor aspira: que as crianças aprendam mais, que aprendam melhor, que se descubram como pessoas, que vejam os outros como pessoas e que sejam pessoas felizes, na medida do possível. Esta ideia esteve presente desde a primeira hora, ao ser inscrita no projeto uma matriz axiológica assente na solidariedade e na autonomia.

Em nome da autonomia e da solidariedade

> "Se trabalho com crianças, devo estar atento à difícil passagem ou caminhada da heteronomia para a autonomia, atento à responsabilidade da minha presença que tanto pode ser auxiliadora como pode virar perturbadora da busca inquieta dos educandos."
> (PAULO FREIRE)

Na Escola da Ponte, as crianças são tratadas como crianças e não como alunos. O estatuto das crianças, a relação entre elas e com elas são imediatamente percetíveis para quem visita a escola. As crianças apresentam-na aos visitantes como coisa sua, conhecem-lhe os meandros, dominam por completo os dispositivos pedagógicos, explicitam os porquês de tudo o que fazem, de tudo o que vivem.

Desde que um aluno chega à escola e até que dela sai, realiza tarefas que variam de dia para dia, que dependem do tipo de projeto em curso, do nível em que se encontra, mas que se poderá, para além do imprevisível – e que é o mais comum! – resumir do modo seguinte.

Quando chega à escola, brinca. Quando se apercebe que os professores vão chegando, dirige-se para uma das salas, após registar a sua presença no respetivo painel. Pega no material que está no seu cacifo, procura o seu grupo, senta-se na mesa que escolheu e elabora o seu 'plano do dia'. Por vezes, os alunos deixam duas ou três linhas de reserva na folha onde escrevem o 'plano do dia', de modo a poderem acrescentar novas tarefas, se dispuserem de tempo ao longo do dia.

Entretanto, os responsáveis pelos murais vão atualizando a data e expondo a informação disponível, enquanto os professores começam a circular por ali, conversando sobre o trabalho feito em casa e verificando se o encarregado de educação rubricou o 'caderno de recados' (um dos dispositivos de intensificação da relação entre a escola e as famílias).

Após a verificação pelos professores do 'plano do dia', a primeira atividade poderá ser desenvolvida, por exemplo, na rede de computadores. Mas, se verificar que não há unidades disponíveis no momento, pode dirigir-se à biblioteca e iniciar uma pesquisa.

De regresso ao grupo, pode participar em atividades de ensino mútuo, prestando ajuda a um colega, ou partilhando informação com outro. De seguida, perante uma qualquer dificuldade, pede a intervenção de um professor próximo e disponível.

Gerindo o seu plano, desloca-se para o espaço onde decorrem atividades de expressão dramática... e tudo o mais que os professores não podem prever. A gestão do tempo e dos espaços e materiais disponíveis requer uma consciência das necessidades, que é exercitada a todo o momento pelo aluno, que conta com o permanente aconselhamento dos professores. Tudo num ambiente de responsabilidade e serenidade (quase sempre, com fundo musical).

Na linha de Dewey, pretendeu-se centrar a aprendizagem nos interesses da criança, fomentar métodos de pesquisa e de resolução de problemas. Assumem particular relevância os processos e as aquisições que se fazem no decorrer da elaboração e concretização de projetos. Mas a seleção e tratamento de informação não promove, por si só, o acesso ao conhecimento. É necessário utilizar estratégias que permitam transformar a informação em conhecimento.

As crianças desenvolvem estruturas cognitivas num 'aprender fazendo' indissociável de um 'aprender a aprender'. O aprender está relacionado com fatores emocionais e motivacionais que podem conduzir a um sentimento de realização pessoal. Tal como Bruner, consideramos que a criança tem um papel ativo no ato de aprender. Este autor enuncia quatro vantagens da aprendizagem por descoberta: o aumento do potencial intelectual; a mudança de uma motivação extrínseca para a intrínseca, dado que a criança é colocada perante a necessidade de resolver conflitos cognitivos estruturantes; a participação do aluno na construção do saber; melhorias na conservação da memória e recuperação do que está memorizado.

Implicada numa aprendizagem por descoberta, através de atividades de exploração e de pesquisa, num processo significativo, a criança age como sujeito de aprendizagem. O papel do professor é o de 'fomentador de curiosidades', de orientador na resolução de problemas. O professor é alguém que ajuda a resolver problemas, que estimula as crianças, que confia nas suas potencialidades. O professor não se impõe pelo seu estatuto, assume tarefas de estímulo e organização.

Na perspetiva construtivista, o conhecimento é algo pessoal e, como tal, construído pela própria pessoa através da experiência. A aprendizagem é um processo social em que os educandos constroem significados tendo em conta experiências passadas. Assim, tudo está organizado para facultar às crianças experiências relevantes e oportunidades de diálogo, para que a construção de significados possa emergir.

Valoriza-se as aprendizagens significativas numa perspectiva interdisciplinar e holística do conhecimento, estimulando a procura de solução de problemas, de forma que o aluno trabalhe conceitos, reelaborando-os em estruturas cognitivas cada vez mais complexas. O exercício da descoberta e aprendizagem crítica permitem que o aluno aprenda a heurística da descoberta e racionalize os seus processos cognitivos, aumentando a sua autoconfiança e ascendendo a níveis elevados de autonomia.

Na Escola da Ponte, o valor da autonomia encontra a sua expressão máxima nas atividades realizadas pelas crianças. Estas atividades, porque são planificadas pelos alunos e orientadas pelos professores, potenciam o trabalho autónomo e no sentido da autoaprendizagem, que permite que o aluno construa o seu conhecimento de forma ativa e participada. Contudo, não se pense que o professor, à luz deste modelo, deixou de ter qualquer preocupação no processo de ensino e de aprendizagem. O seu papel apenas se alterou, deixou de ser o protagonista central, para passar a ser também um ator que auxilia os alunos na construção do seu conhecimento. Deste modo e porque o trabalho autónomo não significa trabalho independente (no sentido do trabalho isolado), os alunos necessitam da colaboração do professor, que orienta as atividades de acordo com os interesses dos alunos. Uma vez que as atividades se inserem num processo dialético que deverá conjugar os interesses, expectativas e motivação dos alunos e os objetivos dos professores, elas enquadram-se em princípios de organização servidos por uma fundamentação teórica que promove a sua legitimação, e que foi elaborada e reelaborada ao longo dos anos.

Entre os princípios defendidos no projeto, avulta o da 'significação epistemológica', traduzida na construção de um conhecimento escolar que procura a conjugação e encontro entre o conhecimento do senso comum – de que a criança é portadora à chegada à escola – e o conhecimento científico que subjaz a qualquer área científica. Quando os alunos chegam à escola, já possuem determinadas concepções que, embora possam ser 'pouco científicas', são o suporte que permite que atuem na realidade circundante. A escola tem, no entanto, um papel importante na redefinição dessas concepções, tornando-as 'mais científicas'.

O princípio da 'significação psicológica' postula que os conteúdos a aprender devem estar muito próximos, quer da estrutura cognitiva dos alunos, quer dos seus interesses e expectativas.

O princípio da 'significação didática' representa a síntese negociada entre aquilo que os professores consideram desejável que os seus alunos aprendam e os interesses dos alunos.

Pela assunção do princípio da 'gradualidade' se reconhece a necessidade da organização das atividades numa perspectiva sequencial e a progressiva passagem da aprendizagem dirigida pelos professores para uma aprendizagem autônoma, onde o aluno assume o papel principal na construção do conhecimento.

Memórias

> "Marco Polo descreve uma ponte, pedra a pedra.
> Mas qual é a pedra que sustém a ponte? – pergunta Kublai Kan.
> A ponte não é sustida por esta ou por aquela pedra – responde
> Marco – mas sim pela linha do arco que elas formam.
> Kublai Kan permanece silencioso, refletindo. Depois acrescenta:
> – Porque me falas das pedras? É só o arco que me importa.
> Polo responde:
> – Sem pedras não há arco."
> (ITALO CALVINO)

Há 25 anos, foram definidos como objetivos: concretizar uma efetiva diversificação das aprendizagens, tendo por referência uma política de direitos humanos que garantisse as mesmas oportunidades educacionais e de realização pessoal para todos; promover a autonomia e a solidariedade; operar transformações nas estruturas de comunicação e intensificar a colaboração entre instituições e agentes educativos.

Ao longo dos anos, o percurso deste projeto não foi linear. A escola não é hoje o que era há cinco, há dez, há vinte ou mais anos. Na procura da reconstituição da 'memória' do projeto, encontramos três tempos de referência: 'o tempo de estar sozinho', 'o tempo de estar com alguns', 'o tempo da escola toda'.

Entre o segundo e o terceiro tempo, verificou-se um hiato em quase tudo o que até então se construiu correu o risco de desaparecimento. Os projetos são feitos por pessoas, são objetos frágeis, precários, sujeitos a contingências. Para que se mantenham e se aprofundem, é indispensável que todos os intervenientes queiram e façam.

Depois, houve o tempo de os pais aprenderem e de nós aprendermos com eles. Houve tempo de as crianças se adaptarem e de nós adaptarmos a escola a todos e cada um deles. Depois, houve ainda o tempo de a inspeção e a administração se adaptarem… o tempo de consolidar e de fundamentar o que se fez. Entre 'o tempo de estar sozinho' e 'o tempo de estar com alguns', o que permitiu que o projeto não soçobrasse perante inúmeros obstáculos foi o trabalho num círculo de estudo, que reunia professores de diversas escolas animados de uma mesma intenção: a de fazer das crianças e dos professores pessoas mais felizes.

Nada foi inventado na Escola da Ponte. Num longo processo de vinte e cinco anos, os problemas geraram interrogações, as interrogações conduziram à busca de 'soluções'. Os contributos recolhidos foram testados e avaliados. Após experiências cuidadosamente planeadas e aplicadas, algumas das propostas acabaram por ser recusadas, outras passaram a integrar, sob diferentes formas, o que não pára de se transformar: o projeto da Escola da Ponte está sempre incompleto, sempre a recomeçar.

Vejamos uma síntese das grandes etapas.

	PROBLEMAS IDENTIFICADOS	DISPOSITIVOS INTRODUZIDOS
1976 • 1980	O trabalho escolar estava totalmente centrado no professor e enformado por manuais iguais para todos.	Projeto Educativo; contactos com os pais; comissão de pais; parcerias; associação de pais; plenário de alunos;
	Os professores encontravam-se física e psicologicamente isolados, cada qual na sua sala, por vezes em horários diferentes dos outros professores.	Registos de autoplanificação e autoavaliação dos alunos; tribunal; núcleo documental; jornal de parede; jornal escolar; 'folhas de rascunho'; 'textos inventados'; visita de estudo; ficha de informação.
	A escola funcionava num velho edifício contíguo a uma lixeira. Nas paredes, cresciam ervas. O quarto-de-banho, no exterior, estava em ruínas e não tinha porta.	

	PROBLEMAS IDENTIFICADOS	DISPOSITIVOS INTRODUZIDOS
1980 • 1984	Considerou-se não ser possível construir uma sociedade de indivíduos participantes e democráticos, enquanto a escolaridade fosse concebida como um mero 'adestramento cognitivo'. O relacionamento com os pais dos alunos era formal, individual e não-permanente. As crianças passavam as férias no abandono da rua, a sonhar com um mar inacessível.	Assembleia de alunos; convocatórias; Atas; relatório; manifesto; listagem de direitos e deveres; cartaz dos aniversários; registo de presenças; pedido de palavra; 'perdidos e achados'; plano quinzenal; ficha de avaliação formativa; 'preciso de ajuda'; registo de disponibilidade; 'livro da vida'; 'acho bem, acho mal'; cartaz da correspondência; viveiro do bicho-da-seda; trabalho cooperativo em equipa de professores.
1984 • 1991	As crianças que chegavam à escola com uma cultura diferente eram desfavorecidas pelo não reconhecimento da sua experiência sociocultural. Requeriam grande investimento no domínio afetivo e emocional. A colocação das crianças ditas 'com necessidades educativas especiais' junto dos 'normais' era insuficiente para que não interiorizassem incapacidades e não se vissem negativamente como alunos e como pessoas.	Reuniões de Sábado; trabalho cooperativo em grupo heterogéneo de alunos; grelha de objetivos; caixa dos segredos; plano diário; capa de arquivo dos trabalhos; registo de pesquisa; jogos educativos; mural do 'jogo das perguntas'; mural de avisos e recomendações; terrário; gestão dos cacifos; clube dos leitores; trabalho 'com liberdade e categoria'; aula direta estabelecida pelos professores.

	PROBLEMAS IDENTIFICADOS	DISPOSITIVOS INTRODUZIDOS
1991 • 1996	Falava-se de 'dificuldades de aprendizagem'. Porque não falar também de dificuldades de ensino? E como poderíamos reforçar uma cultura de cooperação?	Caderno de recados; atendimento diário e tutoreado; debate; ler para os outros; novidades; música ambiente; discussão de um assunto; aula direta solicitada pelos alunos; bibliografias; mapa de responsabilidades; 'clube dos limpinhos'.
1996 • 2001	Os iniciadores do projeto aproximavam-se da reforma. Seria necessário assegurar a continuidade e alargamento do projeto. Seria necessário criar uma nova equipa de professores e instituir uma fase de autoavaliação e de transição.	Agrupamento de escolas; nova equipa de projeto; responsabilidades de grupo; conselho 'eco-escolas'; 'comissão de ajuda'; trabalho de pares (prof.); rede de escolas; trocas de professores entre escolas da rede; rede de escolas ENIS; Rede de computadores; Internet; correio eletrónico; páginas na WEB; dispositivos de autoavaliação.

Uma escola de cidadãos não pode ser uma ilha. Um projeto de escola democrática é um ato coletivo. O sucesso dos alunos depende da solidariedade exercida no seio de equipas educativas, a qual facilita a compreensão e a resolução de problemas comuns. Por isso, os professores têm um papel fundamental no atendimento aos pais. Este atendimento processa-se a qualquer hora de qualquer dia.

A legislação existente obriga a que a matrícula de todas as crianças em idade escolar seja feita na escola da respetiva área de residência. Porém, desde há muitos anos, este critério foi questionado na escola da Ponte. O critério essencial é o do reconhecimento de que os pais dos alunos têm o direito (aliás, inscrito na Constituição da República Portuguesa) de escolher o tipo de projeto educativo que mais convém aos seus filhos.

O acolhimento de crianças que 'não tiveram lugar' em outras escolas é muito frequente. Porém, se esta prática é positiva, tem como consequência uma concentração excessiva de crianças 'com necessidades especiais' numa só escola, desresponsabilizando outras escolas. Neste aspecto, a desejável coordenação entre instituições provoca um efeito perverso de substituição.

Em 1998, os professores e os pais, com o apoio de uma cooperativa, iniciaram novo projeto, desta vez no sentido da criação de estruturas que assegurassem uma transição à vida adulta propiciadora da realização pessoal e social dos jovens 'especiais', que completavam a escolaridade e ficavam entregues a si próprios e à família, sem quaisquer perspectivas de integração social. Após alguns anos de estudo, após inúmeras reuniões com técnicos da 'educação especial', representantes da DREN, centro de emprego, empresas, associações locais, etc., apenas restava esperar que a escola EB 2,3 iniciasse o projeto, dado que as disposições normativas em vigor não permitem que as escolas do 1.º ciclo desenvolvam projetos desta natureza. As expectativas saíram frustradas. Para que a sequencialidade entre ciclos se cumprisse e os projetos iniciados não cessassem, em estreita colaboração com os professores e a associação de pais, bem como com o apoio e aval da DREN, o Ministério da Educação decidiu-se pela transformação da escola de 1.º ciclo numa escola básica integrada (EBI 1, 2, 3 da Ponte), a partir do ano letivo de 2001/2002.

Também a associação de pais é um interlocutor sempre disponível e um parceiro indispensável. Mas a colaboração dos pais não se restringe às atividades promovidas pela sua associação. No início de cada ano, todos os encarregados de educação participam num encontro de apresentação do Plano Anual. Mensalmente, ao sábado de tarde, os projetos são avaliados com o seu contributo. E há sempre um professor disponível para o atendimento diário, se algum pai o solicita.

Em 1976, os pais organizaram-se em associação (*cf.* atas de 1980). Começaram por reivindicar a construção de um novo edifício escolar, pois, há mais de vinte anos, a escola situava-se junto de uma lixeira e não dispunha de instalações sanitárias condignas. A associação de pais é hoje um parceiro indispensável. Garante o funcionamento da cantina, a realização de atividades de férias para as crianças, a aquisição de equipamentos essenciais ao desenvolvimento do projeto. Mas é, sobretudo, um interlocutor sempre disponível[12].

Riscos e fragilidades

> "Defendo que um número significativo de professores possa ser selecionado pelas próprias escolas."
> (MARÇAL GRILO)

O nosso projeto não é de um professor, é de uma escola, pois só poderemos falar de projeto quando todos os envolvidos forem efetivamente participantes, quando todos se conhecerem entre si e se reconhecerem em objetivos comuns. Há vinte e cinco anos, escrevemos no nosso projeto educativo que os professores estão mais precisados de interrogações que de certezas. Porque não nos deixamos deslumbrar pelas 'soluções' encontradas, mantemos despertas muitas dessas interrogações: Será possível conciliar a ideia de uma educação para a (e na) cidadania com o trabalho do professor isolado física e psicologicamente na sua sala de aula, sujeito a uma racionalidade que preside à manutenção de um tipo de organização da escola que limita ou impede o desenvolvimento de culturas de cooperação? Quando nos confrontamos com o insucesso dos nossos alunos, não será preciso ultrapassar a atribuição de culpas ao 'sistema', não será também necessário interpelar arquétipos que enformam a cultura pessoal e profissional dos professores?

Ao cabo de muitos anos, subsistem ainda muitos problemas, mas um destes problemas assume particular relevância. Se não surgir algum impedimento, o agrupamento de escolas em que, voluntariamente,

---

12 Foi possível ultrapassar e resolver limites reconhecidos em 1976: «As poucas relações existentes prendem-se com comemorações de épocas ou dias festivos, ou o passeio escola» (*cf.* comunicação aos pais – Dez. 96).

nos integrámos passará a ser uma escola básica integrada, e o projeto abrangerá os nove anos da escolaridade básica, bem como a educação de infância. Perante mais este desafio, a questão central passou a ser a da estabilidade, que, por sua vez, depende das características do subsistema de recrutamento de docentes.

Manifesta-se como inadiável a criação de condições para a estabilidade do corpo docente das nossas escolas, que assegure o desenvolvimento e a sustentabilidade dos seus projetos. Os professores envolvidos em projetos (que não sejam apenas de papel) não procuram a obtenção de privilégios, bem pelo contrário: para viabilizarem a formação de equipas de projeto, muitos professores fizeram opções que acarretaram prejuízos para a sua vida pessoal e profissional. Muitos outros, por via de uma legislação obsoleta, viram ser-lhe negado o direito a participar nos projetos dos seus sonhos, viram a burocracia e as leis aliarem-se aos que 'não querem' (e a quem é dado o 'direito de não querer'...).

A nossa escola já não está sozinha. Há outros nichos de mudança onde as instituições de formação inicial e contínua de professores poderiam colher importantes contributos e mutuamente beneficiar da colaboração. Os processos de formação na modalidade de estágio de formação contínua, em curso nesta escola desde há dois anos são disso prova.

Mas, em muitos casos, o carácter vitalício das colocações agiu como óbice à mudança, por permitir a certos professores 'vitalícios' a recusa da cooperação com os que buscavam novos e melhores caminhos para os descaminhos da Educação. Do 'observatório' da Ponte, vimos o trabalho de equipas de professores construído ao longo de muitos anos ser destruído em escassos dias por outros que, por não estarem atentos à necessidade de reelaboração da sua cultura pessoal e profissional, se mantinham cativos de uma cultura de funcionário público.

A transição entre equipas de professores, que se processou na Ponte entre os anos de 1996 e 2001, só foi possível porque os novos professores foram colocados na escola em regime de destacamento e por deliberação própria, sabendo que projeto estavam a tomar nas suas mãos. Só deste modo foi possível não desperdiçar vinte anos de um trabalho considerado inovador, o que poderia ter sucedido aquando da aposentação dos seus primeiros autores.

Bastaria esse fato para que se repensasse as características do atual sistema de colocações. Urge instituir outras vias de concurso e colocação, uma das quais permita que a seleção dos candidatos seja feita em função da sua adesão a um projeto. E a estabilidade requerida por verdadeiros projetos poderia ser garantida pelo carácter plurianual (talvez por um período de três ou quatro anos) das colocações e por uma efetiva avaliação de desempenho dos professores.

Os nichos de inovação e mudança, construídos à custa da dedicação e sacrifício, vão permanecer dependentes de precários destacamentos? As escolas continuarão expostas às vicissitudes de concursos de colocação 'aleatória'?

Este é um dos riscos que este projeto corre. Outro risco advém das fragilidades da formação (inicial e não-inicial) que ainda se faz.

Que conhecimentos consistentes possuem os professores, nomeadamente, no domínio das ciências da educação, que lhes permitam reinterpretar e integrar criticamente 'novas propostas'? Os contributos das ciências da educação não lograram ainda ultrapassar o nível de um discurso retórico e teoricamente redundante para penetrar nas escolas e influenciar significativamente as suas culturas. A ideia de que o ensino não passa de um ofício artesanal para o qual basta 'ter uma licenciatura' produz efeitos arrasadores. Tendem a ser ignorados os efeitos secundários das práticas tradicionais, tão injustas como inadequadas, tão avessas às transformações sociais como geradoras de exclusão escolar e social.

Sabemos que o trabalho dos professores poderá melhorar se lhes forem proporcionadas melhores ferramentas, que uma maior autonomia e investimentos pecuniários poderão contribuir para o incremento da qualidade do serviço prestado pelas escolas. Porém, não é seguro que mais dinheiro, mais materiais, por si, solucionem todos os problemas de que o sistema enferma. Poderá até acontecer o contrário.

Se os novos professores não dispõem de instrumentos que lhes permitam analisar os quadros conceptuais subjacentes às propostas que a Escola da Ponte (e outras) lhes apresenta, que razões os levarão a aderir e a desenvolver tais propostas?

A maior parte dos formadores (da formação inicial ou não-inicial) recorre a modelos de ensino em tudo contrários aos modelos teóricos que transmitem. Como conceber, então, uma ideia de mudança assente sobre uma formação acrítica e contaminada pelo academismo? Isomorficamente, os formandos reproduzem os mesmos modelos de ensino, apesar e contra os modelos teóricos que lhes foram transmitidos. "Há tendências claras para a 'escolarização' e para a 'academização' dos programas de formação de professores [...] apesar da retórica do 'professor reflexivo'"[13]. Como conceber, então, uma ideia de mudança, na ausência de uma dimensão reflexiva e praxiológica da formação?

Já em 1987, a Comissão de Reforma do Sistema Educativo chamava a atenção para a necessária revisão das práticas de formação de professores: "Quanto aos docentes, o problema que se põe é o da sua formação. É necessário e, em muitos casos, urgente desenvolver processos de reajustamento profissional a novos objectivos e novas tarefas"[14]. Mas, a avaliar pelo desempenho dos professores recém-integrados na carreira, a formação inicial continua a manifestar incapacidade para obstar ao choque do real. O professor recém-formado é atirado, sem recursos, para o isolamento de uma sala que tem dentro um grupo de crianças. Os primeiros dias são decisivos para a instalação de rotinas que resolvem a crise inicial. O professor evoca modelos da sua experiência como aluno: passa a exercer um apertado controlo e uma estruturação de trabalho que anula qualquer exercício de autonomia discente anulando a sua própria autonomia; recorre ao manual que anula o professor; utiliza testes que anulam qualquer resquício de avaliação 'alinhada' com a aprendizagem e a diversificação de processos; procura créditos que anulam a procura da formação necessária. A passagem do tempo na ausência de um projeto educativo e o exemplo dos colegas asseguram a sedimentação do isolamento, do improviso e do primado da racionalidade instrumental.

É consagrado na introdução a todos os 'novos programas' e no quadro de tentativas de reorganização curricular um conjunto de princípios gerais orientadores do processo de ensino-aprendizagem, sem que, entretanto, algo tenha sido realizado ao nível da formação contínua de professores para os viabilizar. Na introdução da reforma curricular de 1989, é lançado

---

13   Nóvoa, A. (1999). *Os professores na viragem do milénio*.
14   CNE (1990). *Pareceres e Recomendações 88/89*, II volume: 440.

o mais vasto programa de formação de professores até hoje promovido pelo Ministério da Educação. Mas repetir-se-ia o cenário descrito por Ana Benavente, já em 1980 e a propósito da formação para os então 'novos' programas: "os objetivos dos novos programas não foram cabalmente entendidos por muitos professores, e as reciclagens, que se propunham informar/formar limitaram-se em geral a meros cursos de iniciação à leitura dos programas, deixando os professores sem os instrumentos pedagógicos adequados à sua concretização"[15].

As modalidades de formação mais ajustadas às necessidades dos professores a envolver no projeto parece serem as mais intensamente ligadas às práticas e, entre estas, o círculo de estudo e o estágio de formação contínua. Desde 1978, o círculo de estudo foi o suporte das mudanças operadas na Ponte. Nos dois últimos anos, a experiência do estágio de formação contínua permitiu a criação de redes de colaboração entre professores e escolas.

Disseminar ou contaminar?

Nos últimos anos, a Escola da Ponte recebeu muitos milhares de visitantes, foi objeto de múltiplas investigações, matéria para teses, artigos e livros. Cremos que se tendeu, até, para alguma 'mitificação'. Felizmente, ainda não é possível 'clonar' projetos. A validade da experiência da Ponte deve, pois, ser relativizada. Houve fatores de emergência decorrentes de um contexto específico e que não poderiam ser replicados. O que possa ser 'transferível' tem mais a ver com 'o espírito e a gramática' do projeto. A Escola da Ponte apenas mostrou que há utopias realizáveis.

Para além da abertura da escola aos visitantes e da integração da formação contínua no quotidiano dos professores e alunos, a divulgação do projeto ocorreu sob a forma de comunicações e publicações.

A Ponte é, como qualquer outro, um lugar de chegar, de ficar e de partir. Um lugar onde deliberada e intencionalmente se chega para (com

---

15 Benavente, A. e A. Correia (1980). *Os obstáculos ao sucesso na escola primária*. Lisboa: IED, 82.

outros!) fazer crianças mais felizes. Um lugar de onde uns partem para levar sementes de sonho para outros lugares. Um lugar de onde outros partem, discretamente, para deixar que o sonho prossiga. No belo exercício de sensibilidade que dá pelo nome de 'Tudo sobre a minha mãe', um dos personagens diz, a certo passo do filme, que "somos tão mais autênticos quanto mais nos parecermos com o que sonhamos" (Canário, 2004).

Obras que contêm referências à Escola da Ponte

GEP/ME (1988). *Da diversidade de contextos à diversidade de iniciativas*. Lisboa: ME.
IIE/ME (1990). *Educar Inovando, Inovar Educando*. Lisboa.
LEITE, C. et al. (1993). *Avaliar a Avaliação*. Porto: Ed. ASA.
TRINDADE, R. (1998). *As Escolas do Ensino Básico como Espaços de Formação Pessoal e Social*. Porto: Porto Editora.
ARAÚJO, D. (1999). *Encontro Entre Margens: Um olhar sobre uma escola na sua relação com a comunidade*. Dissertação de Mestrado em Ciências da Educação na especialidade de educação e diversidade cultural. Porto: FPCE-UP.
COCHITO, I. (1999). *Representações e práticas de autonomia e cooperação na sala de aula: um estudo de professores e alunos do 1.º ciclo*. Tese de Mestrado em Educação Intercultural. Lisboa: Universidade Católica.
MACHADO, M. (1999). *A Comunicação na Escola*. Braga: IEC-UM.
FRANCO, J. et al. (1999). *Experiências Inovadoras no Ensino*. Lisboa: IIE-ME.
DEB-ME (1999). *Fórum Escolas, Diversidade, Currículo*. Lisboa: ME.
PACHECO, J. (2000). *Quando eu for grande quero ir à Primavera*. Porto: Profedições.
ALVES, R. et al. (2001). *A escola com que sempre sonhei*. Porto: Ed. ASA.
DIAS, P. et al. (2001). *Actas da Segunda Conferência Internacional das TIC em Educação*. Braga: Universidade do Minho.
VIEIRA, Vergílio (2001). *As palavras são como as cerejas*. Porto: Campo das Letras.

O projeto foi objeto de divulgação, sob a forma de reportagens, na televisão, na rádio, e em sites da Internet.

Vila das Aves, junho de 2001.

Referências bibliográficas

ALBUQUERQUE, Pedro Barbas. A Escola da Ponte: bem-me-quer, malmequer. In: ALVES, Rubem. *A Escola com que sempre sonhei sem imaginar que pudesse existir*. Campinas, SP: Papirus, 2001.

ALVES, Fernando. O pássaro no ombro. In: ALVES, Rubem. *A Escola com que sempre sonhei sem imaginar que pudesse existir*. Campinas, SP: Papirus, 2001.

ALVES, Rubem. *A Escola com que sempre sonhei sem imaginar que pudesse existir*. Campinas, SP: Papirus, 2001/Porto: ASA, 2001.

AQUINO, Julio G., e SAYÃO, Rosely. Da construção de uma escola democrática: a experiência da EMEF Amorim Lima. *EccoS – Revista Científica*, vol. 6, n. 2, dez. 2004. São Paulo: Uninove.

AQUINO, Julio G. Os riscos da *pontefilia*. In: *Instantâneos da Escola Contemporânea*. Campinas, SP: Papirus, 2007.

ARAÚJO, D. *Encontro Entre Margens: Um olhar sobre uma escola na sua relação com a comunidade*. Dissertação de Mestrado em Ciências da Educação na especialidade de educação e diversidade cultural. Porto: FPCE-UP, 1999.

BALL, Stephen (1994). *Education Reform. A critical and post-structural approach*. *Buckingham*: Open University Press.

BARROSO, João (1998). "Descentralização e autonomia: devolver o sentido cívico e comunitário à escola pública". *Colóquio / Educação e Sociedade*, n.º 4 (nova série), Outubro. Fundação Calouste Gulbenkian. (pp. 32-58).

BARROSO, João, (1997). "Perspectiva Crítica sobre a Utilização do Conceito de Qualidade do Ensino: Consequências para a investigação". *In Contributos da Investigação Científica para a Qualidade do Ensino*. Lisboa: Sociedade Portuguesa de Ciências da Educação (pp. 23-43)

BARROSO, João, (1999). "Regulação e autonomia da escola pública: o papel do Estado, dos professores e dos pais". *Inovação*, vol.12, n.º 3, pp. 9-33.

BARROSO, João. Escola da Ponte: defender, debater e promover a escola pública. In: CANÁRIO, Rui, MATOS, Filomena e TRINDADE, Rui (orgs.). *Escola da Ponte: um outro caminho para a Educação*. São Paulo: Editora Didática Suplegraf, 2004.

CANÁRIO, Rui. Uma inovação apesar das reformas. In: CANÁRIO, Rui, MATOS, Filomena e TRINDADE, Rui (orgs.). *Escola da Ponte: um outro caminho para a Educação*. São Paulo: Editora Didática Suplegraf, 2004.

CENTRO DE FORMAÇÃO CAMILO CASTELO BRANCO. Trabalho cooperativo e mudança de atitudes profissionais na escola do 1.º ciclo do ensino básico. In: ALVES, Rubem. *A Escola com que sempre sonhei sem imaginar que pudesse existir*. Campinas, SP: Papirus, 2001.

COCHITO, I. *Representações e práticas de autonomia e cooperação na sala de aula: um estudo de professores e alunos do 1.º ciclo*. Tese de Mestrado em Educação Intercultural. Lisboa: Universidade Católica, 1999.
DEB-ME. *Fórum Escolas, Diversidade, Currículo*. Lisboa: ME, 1999 (pp. 251-254).
DIAS, P. et al. *Atas da Segunda Conferência Internacional das TIC em Educação*. Braga: Universidade do Minho, 2001.
ESCOLA DA PONTE. *Fazer a Ponte – 1976/2001 – 25 anos de Projecto e de projetos*. Vila das Aves, Portugal: Escola da Ponte, 2001.
ESCOLA DA PONTE. *Fazer a Ponte (Projeto da Escola n.º 1 da Ponte, Vila das Aves)*. Vila das Aves, Portugal: Escola da Ponte, 1996.
ESCOLA DA PONTE. *Fazer a Ponte: Projeto Educativo*. Vila das Aves, Portugal: Escola da Ponte, 2003.
ESCOLA DA PONTE. *Regulamento Interno*. Vila das Aves, Portugal: Escola da Ponte, 2003.
FERNANDES, Sônia R. de S. e LEITE, Carlinda. A constituição do projeto pedagógico da Escola da Ponte e suas relações com os movimentos curriculares e políticas educacionais em Portugal. In: ALMEIDA, Maria de L. P. de e FERNANDES, Sônia R. S. (orgs). *História da Educação e da Escola: olhar(es) luso-brasileiro(s)*. Campinas, SP: Mercado de Letras, 2010.
FERREIRA, Fernando Ilídio. Repensar a escola e o sentido do trabalho escolar. In: CANÁRIO, Rui, MATOS, Filomena e TRINDADE, Rui (orgs.). *Escola da Ponte: um outro caminho para a Educação*. São Paulo: Editora Didática Suplegraf, 2004.
FRANCO, J. et al. *Experiências Inovadoras no Ensino*. Lisboa: IIE-ME, 1999.
GEP/ME. *Da diversidade de contextos à diversidade de iniciativas*. Lisboa: ME, 1988.
HADDAD, Jane Patrícia. *O que quer a escola? Novos olhares possibilitam outras práticas*. Rio de Janeiro: Wak, 2009.
IIE/ME. *Educar Inovando, Inovar Educando*. Lisboa, IIE/MEC, 1990 (pp. 81-82).
MACHADO, M. *A Comunicação na Escola*. Braga: IEC-UM, 1999.
MARQUEZAN, Reinoldo. Sobre a Ponte In: HENZ, Celso I., ROSSATO, Ricardo e BARCELOS, Valdo (orgs.). *Educação Humanizadora e os Desafios da Diversidade*. Santa Cruz do Sul: EDUNISC, 2009.
MENEZES, Isabel. Memórias de um projeto em forma de ponte. In: CANÁRIO, Rui, MATOS, Filomena e TRINDADE, Rui (orgs.). *Escola da Ponte: um outro caminho para a Educação*. São Paulo: Editora Didática Suplegraf, 2004.
NÓVOA, António. A educação cívica de António Sérgio vista a partir da Escola da Ponte (ou vice-versa). In: CANÁRIO, Rui, MATOS, Filomena e TRINDADE, Rui (orgs.). *Escola da Ponte: um outro caminho para a Educação*. São Paulo: Editora Didática Suplegraf, 2004.
OFFIAL, Patrícia. Formação de leitores do literário: uma experiência na Escola da Ponte, Dissertação de Mestrado, Universidade do Vale do Itajaí, 2012.
PACHECO, José e MOREIRA, Elisabete. E o 1.º Ciclo? In: LEITE, Carlinda (org.). *Avaliar a Avaliação*. Porto: Edições ASA, 1995. (Coleção Cadernos Correio Pedagógico n. 14)
PACHECO, José e PACHECO, Maria F. *A Escola da Ponte sob múltiplos olhares*. Porto Alegre, Artmed, 2013.

PACHECO, José e PACHECO, Maria F.. A Avaliação da Aprendizagem na Escola da Ponte. Belo Horizonte: WAK, 2012.

PACHECO, José, EGGERTSDÓTTIR, Rósa e MARINÓSSON, Gretar L. *Caminhos para a Inclusão: um guia para o aprimoramento da equipe escolar*. Porto Alegre: Artmed, 2007.

PACHECO, José. A escola dos sonhos existe há 25 anos em Portugal. In: ALVES, Rubem. *A Escola com que sempre sonhei sem imaginar que pudesse existir*. Campinas, SP: Papirus, 2001.

PACHECO, José. *Contributos para a compreensão dos círculos de estudos*. Dissertação (Mestrado em Ciências da Educação). Faculdade de Psicologia e de Ciências da Educação da Universidade do Porto. Porto, 1995.

PACHECO, José. *Crônicas*. Curitiba: Editora Nova Cultura, 2013.

PACHECO, José. *Dicionário dos Valores em Educação*. Porto Alegre: Edições SM, 2012.

PACHECO, José. *Escola da Ponte: formação e transformação da educação*. Petrópolis, RJ: Vozes, 2008.

PACHECO, José. Fazer a Ponte. In: CANÁRIO, Rui, MATOS, Filomena e TRINDADE, Rui (orgs.). *Escola da Ponte: um outro caminho para a Educação*. São Paulo: Editora Didática Suplegraf, 2004.

PACHECO, José. Fazer a Ponte. In: OLIVEIRA, Inês B. (org.). *Alternativas emancipatórias em currículo*. São Paulo: Cortez, 2004.

PACHECO, José. *Inclusão não rima com solidão*. Belo Horizonte: WAK, 2012.

PACHECO, José. Monodocência – Coadjuvação. In: Ministério da Educação – Departamento da Educação Básica. *Gestão Curricular no 1.º Ciclo. Monodocência-Coadjuvação. Encontro de Reflexão*. Lisboa: Ministério da Educação, 2000.

PACHECO, José. Oito tópicos para uma reflexão. In: HENZ, Celso I. e ROSSATO, Ricardo (orgs.). *Educação Humanizadora na Sociedade Globalizada*. Santa Maria: Biblos, 2007.

PACHECO, José. Organizar a escola para a diversidade. In: GERALDI, Corinta M. G., RIOLFI, Claudia R. e GARCIA, Maria de F (orgs.). *Escola Viva: elementos para a construção de uma educação de qualidade social*. Campinas, SP: Mercado de Letras, 2004.

PACHECO, José. *Para Alice, com Amor*. São Paulo: Cortez, 2004.

PACHECO, José. *Para os Filhos dos Filhos dos Nossos Filhos*. Campinas, SP: Papirus, 2006.

PACHECO, José. *Pequeno Dicionário das Utopias da Educação*. Rio de Janeiro: Wak Ed., 2009.

PACHECO, José. *Pequeno Dicionário de Absurdos em Educação*. Porto Alegre: Artmed, 2009.

PACHECO, José. *Quando eu for grande quero ir à Primavera e outras histórias*. São Paulo: Editora Didática Suplegraf, 2003.

PACHECO, José. *Sozinhos na Escola*. São Paulo: Editora Didática Suplegraf, 2003.

PACHECO, José. Trans-formações. In: MARTINS, Angela M. S. e BONATO, Nailda M. da C. (orgs.). *Trajetórias Históricas da Educação*. Rio de Janeiro: Rovelle, 2009.

PACHECO, José. Um padre, um poeta e uma professora de francês. In: MOTA, Aldenira e PACHECO, Dirceu Castilho (orgs.). *Escolas em Imagens*. Rio de Janeiro: DP&A, 2005.

PACHECO, José. Uma Escola de "Área Aberta". In: TRINDADE, Rui. *As Escolas de Ensino Básico como Espaços de Formação Pessoal e Social*. Porto: Porto Editora, 1998.

PACHECO, Maria de F. D. de A. Escola da Ponte: um projecto de vida, um projecto para o mundo. In: HENZ, Celso I., ROSSATO, Ricardo e BARCELOS, Valdo (orgs.). *Educação Humanizadora e os Desafios da Diversidade*. Santa Cruz do Sul: EDUNISC, 2009.

SANTA ROSA, Cláudia S. R. *Fazer a ponte para a escola de todos(as)*. Tese (Doutorado em Educação) – Programa de Pós-Graduação em Educação, Universidade Federal do Rio Grande do Norte, Natal, 2008.

SANTOS, Ademar Ferreira. As lições de uma escola: uma ponte para muito longe. In: ALVES, Rubem. *A Escola com que sempre sonhei sem imaginar que pudesse existir*. Campinas, SP: Papirus, 2001.

SANTOS, Maria Emília Brederode. A escola do futuro. In: CANÁRIO, Rui, MATOS, Filomena e TRINDADE, Rui (orgs.). *Escola da Ponte: um outro caminho para a Educação*. São Paulo: Editora Didática Suplegraf, 2004.

SARMENTO, Manuel. Reinvenção do ofício de aluno. In: CANÁRIO, Rui, MATOS, Filomena e TRINDADE, Rui (orgs.). *Escola da Ponte: um outro caminho para a Educação*. São Paulo: Editora Didática Suplegraf, 2004.

SAYÃO, Rosely e AQUINO, Julio G. Democracia: Abre as asas sobre nós. In: *Em Defesa da Escola*. Campinas, SP: Papirus, 2004.

SILVA, Andréa V. M. da e PACHECO, José. *Escola da Ponte Vila das Aves – Portugal*. Rio de Janeiro: Rovelle, 2011.

TRINDADE, Rui e COSME, Ariana. A construção de uma escola pública e democrática. In: CANÁRIO, Rui, MATOS, Filomena e TRINDADE, Rui (orgs.). *Escola da Ponte: um outro caminho para a Educação*. São Paulo: Editora Didática Suplegraf, 2004.

TYACK, David & CUBAN, Larry (1995). *Tinkering Toward Utopia. A Century of Public-School Reform*. Cambridge: Harvard University Press.

VASCONCELLOS, Celso dos S. Reflexões sobre a Escola da Ponte. *Revista de Educação AEC*. Brasília: outubro/dezembro de 2006 (n. 141).

VASCONCELLOS, Celso dos S. Sobre pontes e pinguelas: reflexões a partir da visita à Escola da Ponte. *Relatos: Semana de Estudos em Portugal*. Pueri Domus (SP), maio de 2006.

VASCONCELLOS, Celso dos S. Zona de Autonomia Relativa. In: *Currículo: A Atividade Humana como Princípio Educativo*, 3.ª ed. São Paulo: Libertad, 2011.

VASCONCELOS, Teresa. Para que não interrompamos o projecto. In: CANÁRIO, Rui, MATOS, Filomena e TRINDADE, Rui (orgs.). *Escola da Ponte: um outro caminho para a Educação*. São Paulo: Editora Didática Suplegraf, 2004.

VIEIRA, Vergílio. *As palavras são como as cerejas*. Porto: Campo das Letras, 2001.

WHITTY, Geoff (2002). *Making Sense of Education Policy*. London: Paul Chapman Publishing.

CONHEÇA TAMBÉM

Crise Ambiental e Educação

Marcos Sorrentino, Maria Cecilia Silva e Charbel El-Hani (org.)

O desafio que se coloca para os próximos anos desta década, para que os aprendizados adquiridos em seu início não se percam, é a necessidade de uma educação ambiental e sociopolítica permanente, continuada, articulada e com a totalidade da sociedade. Uma educação socioambiental comprometida com profundas transformações culturais, em direção a uma humanidade revigorada em sua capacidade de acolher humanos, não humanos e terráqueos em geral e que, por décadas e décadas, séculos e séculos, continue a construir uma vida digna e plena para todos os seres que habitam este pequeno e belo planeta.

Formato 15x23cm – 312 páginas

Pedagogia da Cooperação

Fabio Brotto, Carla Albuquerque e Daniella Dolme (org.)

A Pedagogia da Cooperação cria ambientes de conexão e promove relacionamentos colaborativos para solucionar problemas, transformar conflitos, alcançar metas e realizar objetivos, aliando produtividade e felicidade, em empresas, escolas, governos, ONGs, comunidades, em todos os lugares.

Este livro reúne textos de 27 especialistas e apresenta a abordagem completa da Pedagogia da Cooperação, desenvolvida há mais de 20 anos no Projeto Cooperação, recheada de experiências e seu enlace com diversas metodologias colaborativas.

Formato 17x24cm – 480 páginas – com gráficos e ilustrações

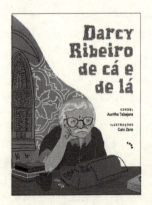

Darcy Ribeiro de cá e de lá (infantojuvenil)

Cordel de Auritha Tabajara – Ilustrações de Caio Zero

Pensadores como Darcy Ribeiro devem ser conhecidos pelas novas gerações desde cedo. É o exemplo de um homem múltiplo, que enfrentou batalhas árduas para a construção de um Brasil justo e com educação de qualidade. O livro infantojuvenil "Darcy Ribeiro de cá e de lá" traz essa história de forma lúdica e contundente. Como Darcy Ribeiro viveu com os indígenas e lutou muito pelas causas dos povos originários, foi fundamental convidar uma indígena para escrever este livro. A autora é Auritha Tabajara, da aldeia Serra dos Cocos – Ipueiras – Ceará. Ela é escritora, contadora de histórias e a primeira indígena brasileira a escrever cordel.

Formato 16x21cm – 32 páginas – capa dura – ilustrações coloridas

www.bambualeditora.com.br